認知心理學權威

Jean Piaget

社會化的過程、智力發展的機制、感覺運動智慧，著名心理學家的教育思想

皮亞傑

談發展與學習

尚·皮亞傑 —— 著

孔謐 —— 譯

U0081867

「發展」是一個與認知結構的整體有關的過程。

〈一種發展的理論〉、〈發展與學習〉、〈新方法，它們的心理學基礎〉、
〈現實世界中的教育權利〉、〈教育往何處去〉、〈數學教育評論〉

透過皮亞傑針對有關教育的論述和演講，全面展現其專業的教育思想

目錄

CONTENTS

前言

尚‧皮亞傑（Jean Piaget），瑞士教育家、心理學家，西元 1896 年 8 月 9 日出生於瑞士紐沙特，1980 年 12 月 16 日去世。他的父親亞瑟‧皮亞傑曾在大學當中出任教授，講授中世紀文學，皮亞傑是家中的長子。

　　就讀紐沙特大學期間，皮亞傑對哲學、生物學心理學和邏輯學產生了濃厚的興趣，他認為融合生物學和哲學，是一條通向知識論的捷徑。1918 年，皮亞傑在紐沙特大學獲得科學博士學位，當年前往蘇黎世，就職於烈勃斯（Lipps）和雷舒納（Wreschner）的心理實驗室。在此期間，他還曾在布魯勒精神病診療所學習精神分裂學說，聽榮格上課，閱讀佛洛伊德的著作。1919 年前往巴黎大學學習病理心理學以及科學的邏輯學和哲學。1921 年獲得法國國家科學博士學位，後來在巴黎一所小學開始研究兒童心理，做為西蒙（Simon）的助手，在兒童實驗中應用勃德推理測驗。他對兒童對測驗題的正確和錯誤答案進行分析，對兒童的思維活動進行研究。此外他還受到了格式塔心理學派關於部分與整體關係理論的影響，他的自傳中曾這樣說：「假如我在 1913 至 1915 年間就接觸到了韋特墨（Wertheimer）和苛勒 [1] 的著作，我可能會成為一個格式塔心理學者。」

　　皮亞傑早年曾接受生物學的訓練，後來對知識論和邏輯學產生了濃厚興趣，長期研究兒童心理學。1921 年，在日內瓦大學克拉巴萊德 [2] 的邀請下，皮亞傑從巴黎回到日內瓦，出任日內

1　苛勒（Wolfgang Köhler，西元 1887 ～ 1967 年），德國格式塔心理學家。

2　克拉巴萊德（Édouard Claparède，西元 1873 ～ 1940 年），瑞士神經學家、

瓦大學盧梭學院的「研究主任」。從三十年代開始，皮亞傑寫成早期的五本兒童心理學著作。

1925 年和 1927 年，皮亞傑的兩個女兒先後出生，1931 年他的兒子出生。在妻子的協助下，皮亞傑用了大量的時間，對兒童的動作進行觀察，並做了各種實驗，他的三個孩子作為研究對象，為他創立兒童心理發展理論提供了重要的基礎，研究結果後發表為三本專著，主要內容為兒童智慧行為的發生、兒童因果概念和兒童象徵行為（模仿和遊戲）的開始等問題。

1929 年，皮亞傑出任日內瓦大學的科學思想史教授，兼盧梭學院助理院長。1929 ～ 1939 年這十年間，皮亞傑堅持對數學、物理和生物學中主要概念的形成和歷史進行研究，並在盧梭學院，展開了對兒童的動作和思維活動大規模研究和實驗。1937 年，皮亞傑在巴黎舉行的國際心理學會議上提出了兒童的具體運算和運算的整體結構相關方面的論文。1939 ～ 1945 年間，皮亞傑主要從事兩方面的研究：一是兒童到成年期的知覺發展，試圖探究知覺和智慧的關係，以此驗證格式塔心理學派的論點；二是利用具體的實驗技術和分析方法，開始對兒童的時間、運動和速度概念以及和這些概念相關的行為發展研究。

1954 年，皮亞傑在加拿大舉行的第十四屆國際心理學會議上當選為國際心理學會主席，1955 年起出任日內瓦「發生知識論國際研究中心」主任。他創立的「發生知識論」，主要研究對象為知識形成基礎的心理結構（即知識結構），並對知識發展

兒童心理學家和教育家。

過程中新知識形成的機制展開分析。1972 年，皮亞傑退休。

在學術上，皮亞傑和他的同事辛克萊（Sinclair）、英海爾德（Inhelder）、荷明斯卡（Szemiska）、倫堡希（Lambercier）等組成了「日內瓦學派」[3]，他自己是這個學派最傑出的代表，這一學派採用的研究方法被稱為臨床法，核心在於從皮亞傑的結構整體理論出發，從整體上對兒童進行觀察研究，在實驗中重視實驗的自然性質，讓兒童自由的敘述活動的過程。為了不讓兒童說的內容偏離主題，主試可以予以必要的提問，並將兒童的談話詳細記錄下來，以便分析和判斷。在實驗對象方面，他的三個孩子就是他早期研究的被試，不過也曾因為取樣過少，缺乏代表性而受到了批評。後來皮亞傑就增加了被試數量，在 1958 年出版的《從兒童期到青年期邏輯思維的成長》這部著作當中，被試達到了一千五百人，1969 年出版的《知覺的機制》一書中也引用了大量實驗取樣和統計資料。皮亞傑用數理邏輯作為工具，引進數理邏輯概念，強調對兒童認知發展進行質的分析，試圖從兒童認知的結構和發展入手，剖析認知過程的智力機制。

皮亞傑一生先後出版近 50 種著作，他的基本理論和實驗研究，對現代兒童心理學、發展心理學和教學改革產生了極為廣泛的影響，為西方心理學界所重視。本書共選譯了皮亞傑的

---

3 日內瓦學派（Geneva School），當代兒童心理學和發展心理學中的主要派別。又稱皮亞傑學派。為瑞士心理學家 J. 皮亞傑所創立。其主要工作是透過對兒童科學概念以及心理運算起源的實驗分析，探索智力形成和認知機制的發生發展規律。

八篇文章，由於皮亞傑的教育思想多半是以其兒童認知發展理論為泉源，因此我們選了兩篇關於兒童認知發展的文章，即〈一種發展的理論〉和〈發展與學習〉。第三至第七篇是皮亞傑直接論述教育的五篇文章，以發表時間的先後為序，其中第三篇〈新方法，它們的心理學基礎〉選自他討論教育的專著《心理學與教育學》，第四篇〈現實世界中的教育權利〉和第五篇〈教育往何處去〉選自他的專著《教育往何處去 —— 理解即發明》，第六篇〈數學教育評論〉為皮亞傑晚年發表的文章，第七篇則是皮亞傑和記者布林格爾（Bringle）關於教育主張的兩次談話，主要談了創造力和教育改革的話題。希望讀者可以從我們選出的這些文章中領略到這位傑出的教育家的思想。

第一章
一種發展的理論

大多數和發展和智力有關的理論，都在試圖說明新問題的解決或概念的形成的行為是怎樣為習得經驗所影響的，也就是作為外界強化的一種功能，並且試圖說明語言是怎樣影響邏輯結構的形成的。這個雙重觀點是比較傾向將認知視為對現實的「複寫」；或者因為將形成學習的「聯想」，視為和外在世界中已存在的一系列關係一一對應，把認知視為感覺運動的複寫；或者因為視語言不過是對現成的現實進行描述，所以將認知視為對語言的複寫。

　　對於習得經驗和語言重大的重要性我並不會否認，不過我要提出以下三個重要的觀點。

1. 關於對物體的認知，並不是因為這個物體的靜止的心理複寫而形成的，而是因為在它產生了變化，並且在一定程度上了解了這些變化的過程而形成的。一種智慧行為，是因為協調操作、聯合、整理（從引入次序的意義上來說）等而形成的。這些從主體自己動作的內化運算中來，是和認知的變化有關的工具。

2. 首先而且還是最為重要的是，邏輯關係擁有運算的結構。即使它們的最高級的形式的確是透過語言表達的，但是能夠在主體本身動作的協調中找到它的起源。甚至兒童在感覺運動、前言語的水準時，也有了聯合、整理、引入對應等等活動，這些活動可以說是運算和邏輯數學結構的根源。

3. 認知不完全由認知者或所知的物體決定，而是由認知者和物體之間（即有機體和環境之間）的交流或者互相的影響

而決定。根本的關係並非一種簡單的聯想，而是一種同化和順應；認知者將物體同化進他的動作或者運算的結構裡面，同時透過分化它們對這些結構進行調節，以順應他在現實中所遇到的、沒有預見到的方面。

在對心理的發展和智力的逐漸形成過程進行思考時，我願意強調主體的活動和變化的運算。總而言之，現成的物體的知識是不存在的，因為想要了解物體，我們就一定改變它；也不能假定完全定型的認知主體存在，因為主體透過對客體的改變，一定會讓他本身的結構更加精細化。

一、感覺運動智慧

我們甚至可以在感覺運動水準上，在語言還沒有出現的時候，就可以看到這種雙邊的發展 —— 兒童的思維結構正是發展於他「現實的建築」的過程中。情境被嬰兒同化進他們動作的倉庫當中。他們利用他們可以做到的方式作用在物體上，比如吮吸和抓握這一類的動作，從而發現新東西的特性。再透過重複、協調還有概括等等動作，就產生一種「同化圖式」的系統。比如一個曾有過拉動並放置東西經歷的兒童，就會用下面的這種方式，讓這些動作連貫協調起來：他會透過把小毛毯拉到身旁好拿到某個放在毛毯上的東西。而且，作為這種同樣發展的一個組成部分，這一智慧也是現實的構成部分。例如，最初物體是沒有永久性的，宇宙是由很多移動著的、忽隱忽現

的畫面構成的，這些畫面一旦沒有了，也就不再有空間位置了。但是，因為動作的協調，就會發展出一種「永久性物體的圖式」，即使一個物體看不見了，也依然會去尋找它。也就是說，物體在知覺和動作範圍之外的時候還是占有一定的空間的，還是依然存在的。

還有另外一種基本圖式，在實踐水準上，它和永久性物體圖式有著密切的關係。這一基本圖式是位置協調和改變的圖式，即幾何學家們說的「位移群」。這指的是位置移動協調，可以讓移動後的位置轉回到出發點，也可以是沿著迂迴或交替的路線回到出發點。甚至還有一種因果關係的感覺運動圖式。首先，它認為現象出現的原因是主體自己的動作，並不考慮物體間的接觸或空間的接觸。其次，因為因果關係歸因於物體之間的關係，而物理的又是一定存在相互作用的，所以因果關係的逐漸客觀化和空間化就出現了。

這樣，感覺運動智慧由此產生了兩種非常重要的進展。第一是動作由此得到了協調，並且這就是將來邏輯和運算的根源所在。第二是從結構著的現實的觀點出發，下層結構是在為某些基本概念——物體永久性、因果關係、空間以及時間的連續——做準備。

二、形象和運算元符號功能

符號功能的開端和表象的喚起或「思維」（或者叫做內化了的智力），大約在 1.5 歲或 2 歲時出現。

認知一定是由一個表示意義的系統所組成的，而表示意義一定是由一個表示物和所表示的某個事物組成的。在早期的感覺運動水準，這些圖式 —— 感覺運動、知覺、作用在物體上的姿勢動作是所表示的事物，而表示物也就是這些圖式的某一方面。這種表示物是條件作用的刺激或信號，而在這個比較早的階段，這些表示物還沒有從所表示的東西中分化出來。

對比一下的話，（在大概 1.5 歲或 2 歲的時候）隨著表示物分化了出來，符號功能出現了萌芽，也就是說，某種東西可以由另一種東西喚起或表示，而這種東西並不是它自己的組成部分。這樣的表示物，可能和它們所代表的東西，在某些符號上是相似的。

語言和模仿。語言裡的詞是記號。在兒童那裡，和出現語言記號的系統同時，還形成了建立在記號之前的其他方面的符號功能，比如遲延模仿、象徵性（或想像）遊戲還有心理意象（內化了的模仿）。這一切乃是引起沒有在眼前的情境和物體的交替方式。

模仿是兒童從感覺運動向表象功能發展所依靠的媒介物。在感覺運動階段已經出現了一種模仿的形式。這是一種實體的或活動的表象，而且只發生在模仿的原型存在的情況下。它不

是遲延的模仿（雖然在原型消失後還會繼續一會）。它沒有一點點的心理表象形式，而且不一定會形成心理表象。另外，遲延的模仿（在原型沒有存在的時候出現的模仿）確實會導致表象，在象徵性遊戲中這一點清晰可見。

因為符號功能的出現，透過內化感覺運動的動作，還有在表象表示水準上將早先的結構重建起來，思維由此有了可能性。但在對這種重建過程進行更加仔細的考慮之前，我們要介紹一種經常受到忽略的本質區別，皮亞傑和英海爾德新近的研究將這一區別清晰地揭示出來。

思維的形象方面和運算方面。在認知過程的中心，有兩個不可分的成分，但依然是兩個不一樣的極端：形象方面和運算方面。

形象方面和現實的靜態的形狀有關，並提供這些狀態的合適的形象表象。在知覺和模仿裡，在作為一種內化了的模仿的形式的心理意象中，形象是擁有優勢的。

另外，運算方面和這些狀態的變化有關。在一般的動作裡，運算在運算的特殊狀態中裡，在已變為可逆的內化了的動作裡是擁有優勢的。比如，加和減這兩種的運算，是聯合和分離這兩種動作的產物。「操作的」（operative）這個詞既可以指動作，又可以指運算，而「運算的」（operational）這個詞，則單指運算。

從智力發展的角度看，形象方面和運算方面之間存在的這一區別非常的重要。在成人那裡，形象方面是服從於運算方面的，即狀態被視為一個變化的結果，和另一個變化的開始。不

過在幼年兒童那裡，特別是在那些運算思維還沒有開始的兒童，這兩個方面還沒有得到協調；兒童們還無法進行某些基本形式的推理，因為他們的注意過於集中在固定的狀態上，沒有把多種狀態運算連結在一起。比如將一個寬杯子裡的液體倒入一個窄杯子裡時，大部分 4 到 6 歲兒童都以為液體變多了，因為他們只注意固定的液體水平面，而沒有注意到傾倒液體的動作，這一動作將開頭和結尾狀態連結在了一起。

三、前運算思維（2～7歲）

運算是內化了的可逆動作，是對整體結構之中的諸如分類、序列和乘法矩陣之類進行協調的活動。上面曾引用了兒童對液體的反應的案例，那是一個反面的案例。

感覺運動智力顯示運算的開啟，由於位移群本身是一個整體結構，可逆性是它的特徵，並且存在一種形式為永久客體的圖式的、守恆的或不變的圖式。這裡沒有實現內化。這些圖式僅僅包括身體的連續動作，但是還沒有同時發生的表象。

一個人會想到，符號功能一旦形成，這些感覺運動結構就會發生內化，內化為運算結構。這種情況遲早都會發生，不過，會比預料的慢很多，原因是在思想中重現一個動作，要遠比身體實際去做困難。這一內化過程是要在一個全新的水準上進行徹底的重建，在這一過程裡，兒童不得不經歷他在感覺運

動水準上所遇到的那些困難。比如我們的研究顯示，幾乎所有的 4～6 歲兒童，都對他們從家裡到學校的路線完全了解，但是卻無法在沙盤上將這一路線表現出來。

自我中心狀態和解除中心作用。在這個年齡階段，運算獲得發展，必須要從兒童自己的動作和自己觀點裡獲得解放。兒童將注意力集中於自己的觀點和動作上，這種現象叫做自我中心狀態（這個屬於因為和情感上的自我中心相近，因此常被誤解）。我的意思是，自我中心狀態不過是指缺乏認知上的解除中心活動。早在感覺運動階段的時候，發展過程就是一種逐漸從極端的自我中心的最初狀態中解除中心的活動。新生嬰兒根本無法意識自己的同一性，正是因為這樣一個事實：他無法將他自己的觀點和別的可能的觀點區分開來，他就生活在一種不存在客體的宇宙當中，自己的身體上集中了空間、因果關係和時間。通常來說，客體永久性、位移群和客觀因果關係的建立的特徵，就是中心的逐漸解除中心，一直到兒童成為眾多客體的、時間及因果關係相互協調的宇宙中的一個組成部分之一而結束。可以這樣說，在表象思維領域或社會關係中，必須整體再進行一次這種哥白尼式的革命。為了讓兒童從他自己本來的觀點中獲得解放，需要再來進一次解除中心活動。接下來舉一個空間表象的例子。拿一套立體模型圖片給兒童看，圖上是從不同方位畫的三座山，問兒童每張圖片都是從哪個角度畫的。這一實驗，前運算階段的兒童是無法完成的。還有一個社會性的例子，和一個家庭中有幾個兄弟的問題有關：一個兒童會說自己有兩個兄弟，然後說他的每個兄弟都只有一個兄弟，因為

他沒有把自己也算進去。

自我中心狀態中缺乏守恆。整體而言，自我中心狀態的主要特點就是可逆性的缺乏，所以不存在運算。在這個水準上，任何守恆測驗都是不可能成功的。倒液體那個例子我們已經說過了，如果用小珠子代替液體，結果也是同樣的。將 10 個紅色小圓片擺成一行，在對面再擺上 10 個藍色的小圓片，如果將其中的一行推攏或者展開，兒童就會以為圓片的數量有了變化。還可以舉一個例子，給兒童兩個一模一樣的橡皮泥球，然後把其中的一個弄成薄煎餅或香腸的形狀，他也會覺得數量有了變化。到七、八歲的時候，他就會斷定沒變化了。但是到了 9 歲或 10 歲，他還會繼續覺得數量是有變化了的。只有到了 11 ～ 12 歲，利用水的置換進行估量，他才會最終確信容量沒有變化。這些實驗最開始是在瑞士做的，之後在其他國家也做過（如埃爾金（Elkind）1961 年在美國重做過這個實驗），結果也都是一樣的。

這個年齡階段的兒童空間概念裡是沒有長度守恆的。比如拿來兩根一樣長的棍子，如果它們的末端是並齊了放著，兒童會認為它們是一樣長的，但是如果移動其中的一根，讓它相對另一根伸出去一段，兒童這時候會說移動的那根長了。同樣距離守恆也不存在。如果在兩點之間的空間放上一個物體，就會被兒童認為小了一些。兒童認為空著的空間和填滿的空間是不相等的。同樣面積、容量等的守恆也是不存在的。

四、具體運算

　　兒童會在七、八歲時，最初的運算結構會開始形成。這些最開始的運算是有限的，涉及處理物體本身，並不涉及語言上的假設。它們只限於類關係和數，或者涉及間斷的成分，以及空間和時間上的連續體。它們並沒有達到命題邏輯的通常水準。

　　另外，這些具體運算並沒有將整個類和關係的邏輯包括在內，而只是有某些結構有關。這些被我們稱作群集的最初的運算結構，涉及接近包含和關係，但並非是普遍的組合。它們僅僅是像序列、分類、乘法矩陣等這一類的半格和不完全群。

　　序列。序列，或可遷的反稱關係串，源自於早期的前運算，甚至感覺運動的圖式。年齡很小的兒童，也可以把積木按照大小排成一列，但在這個水準，他們完成靠的是連續嘗試錯誤，沒有演繹傳遞性的應用（知道 A ＜ B 和 B ＜ C，意味著 A ＜ C）。兒童到了七、八歲時，就會產生一種系統的方法，可以在所有的物體中找到最小的，然後再在剩下的部分裡找出最小的，就這樣，最終知道每一次找到的要比前面的要大，比後面的小。這就是對傳遞性的直接演繹的了解的基礎。

　　分類。分類也是在前運算階段出現的，但是由於缺乏運算可逆性，還停留在初級的形式。就拿 4 歲大的兒童來說吧，讓他們將物體分類，他們對物體操作的，就是「形象的集合」，即從事空間排列，似乎類本身對空間裡的一種組合是十分依賴

的。年齡稍大一些的兒童進行的就不是形象的集合了，這些集合就沒有值得注意的形狀了，但它們還不過是物質的集合，而不是邏輯的類，因為兒童們對類包含的內包定量並不了解。比如我們假設向兒童出示 7 朵報春花（類 A）和 3 朵別的花（類 A'，這樣就有了一個包括 10 朵花的集合（類 B ＝ A ＋ A'）。兒童將會對所有的報春花都是花，而不是所有的花都是報春花表示同意，但是他們無法推斷出報春花的數量要比所有的花少（A ＜ B）。他們知道報春花比較多，因為別的花只有 3 朵。他們還做不到同時用全類和一種子類兩者進行推理。在比較 A 和 B 時，他們就一定要將 B 分為 A 和 A'，這樣 A 既然是比較的一個項目，那麼 A' 就會被兒童當作另一個項目了。而當發展到較高階的水準，他們就會明白 A ＝ B － A' 和 A' ＝ B － A。所以，A ＜（A ＋ A'），或者 A ＜ B。換句話說，了解類包含就意味著運算的可逆性也有了。

對兒童的對應、乘法矩陣等觀念，這樣的分析一樣也可以進行。無論怎樣，都應該對涉及構成整數的觀念的運算機制給予特別的關注。我們已經看到，雖然兒童通常不到 7 歲就會用數目的名稱，但是如果空間排列出現了變化，他們就不會有數目守恆。數的運算概念是一種類包含和順序性的綜合。一方面，存在包含，I ＜（I ＋ I）＜（1 ＋ 1 ＋ 1）。另一方面，既然所有的成分都是相等的，而又已抽出去了所有性質上的差異，那麼區分將一個成分與另一個成分區分開的唯一方法，就是引入順序了。這裡說的順序，可以是空間上的排列，也可以是時間上的排列，或者是一種 I → I → I 式的邏輯點數順序，這裡

的「→」符號，可以表示任意一種的過渡順序。羅素（Russell）認為基數是建立在同樣外延的類之間的一對一的對應上，而並沒有引入順序，反過來，唯一建立在順序性上的是序數。但是他這裡說的一對一的對應，並非類的邏輯的性質的對應。比如就像在乘法矩陣中看到的那樣，那是因為相對應的特性讓一個成分對應另一個成分，相反，是抽出了性質的一個單位對應另一個單位。這裡已經預先假設有一個算術的單位元素，那就是數。基數和序數，既不能理解為是相互獨立的，也是無法單獨形成的。只有將數視為包含和序列的綜合，我們才可以躲開羅素的形成論中存在的循環論證。這種將數作為包含和序列的綜合的解釋，完全是心理學的發展成果，後來被邏輯學家正式的確定下來。

　　表象空間。表象空間（和感覺運動還有知覺空間相比）是以下面的這些運算為基礎的：把一個類別分成部分和部分的相加（對應類的相加），放置和位移（對應序列），還有作為分成部分和位移的一種綜合的測定（因為數是包含與序列的綜合）。從科學基本原理的角度來看，這裡有一個有趣的地方。這些空間運算在歐幾里得的（度量的）、投影的還有拓撲學的空間也是同樣適用的。在歷史上，首先出現的是歐幾里得幾何，然後產生的投影的思想，更後來拓撲學的思想出現。這裡提出的心理學的結構，和上面的這些觀點是相反的。拓撲學是最根本的，從它推導出的另外兩種幾何。發展就是沿著這樣的順序進行的，這一點我們已經在兒童中得到了證實。最初的直覺是拓撲學的，由此才有投影的和歐幾里得或量度的表象產生。

時間。時間觀念中的運算，同樣也是相似的。存在連續事件的順序，存在時間間隔的包含，並且這些現象的綜合導致時間度量的產生。時間的觀念的基礎是一種對速度的原始直覺，在具有作為時間距離的比率的任何量度觀念的很久以前，它就決定了對速度的判斷（了解時間，速度是先決條件，和古典物理學相比，這和相對論物理學更為接近）。這種關於速度的原始觀念是順序性的，只是以這樣的直覺為基礎：在同一軌道上，如果一個移動的東西超過了另一個，那麼它的移動就是快一些的。這種判斷速度是建立在空間順序（在前面和在後面）和時間順序（在……之前和在……之後）上的，而並不需要估算時間的長短和間隔的大小。

五、形式或假設—推論運算

形式或假設—推論運算期大概是從兒童的 11 歲或 12 歲開始的。兒童開始不只是可以思考具體的東西，還能對語言的假設進行推論。這種命題邏輯運算自然是從一種自然的、非公理化的形式被加進運算結構裡面的。

這種新發展，至少有三種外部的跡象可以作為標誌。一種是兒童可以只靠語言資料就能進行推論，即不再需要所指的具體事物。第二種是在實驗性的問題中，他們可以假設可能的因素，並且可以對這些因素進行系統的變換，來對假設進行驗證。第三種是簡而言之，現在的他們可以進行「反省」了，即

可以考慮他們的思維，或可以在命題邏輯上進行運算。因為命題的內容是分類或表示關係的運算，而且還由於新的運算和相互命題的結構（蘊涵、選言推論等等）有關，因此，命題邏輯這種運算系統已經上升到了二次冪的層次。這就是年輕人可以建立理論而兒童卻做不到的原因，儘管年輕人建立的理論很可能是比較幼稚的。

六、智力發展的機制

一般說到的作為闡釋智力發展的經典因素，是生物成熟、環境影響（經驗）和社會傳遞。這三者中的任何一個因素都十分重要，但是，光是這三者，還不足以將智力的發展徹底說明，還需要有第四個因素。

運算結構的發展速度如何，和文化環境、個體經驗等有密切關係，這就是除了生物成熟以外，顯然還需要有別的因素補充進來。

經驗作為一種說明因素是無可匹敵的，一切觀念的確都需要有一個經驗的基礎，即使是邏輯和數學的觀念也是一樣。經驗可以分為兩種區別明顯的類型，雖然它們往往是同時發生的。第一種是物理經驗，即透過作用於物體而獲得的某些關於物體本身的知識。比如透過對東西稱重而發現的，一個物體的質量和體積往往不成比例。第二種是邏輯數學經驗。在這種經

驗裡，知識並非從所作用的物體那裡得到的。物體排列的方式並不會對物體的總數產生影響。物理經驗確實不足以對智力的發展進行說明。至於邏輯數學經驗，無非是以動作協調為基礎的演繹思維的一種準備。

語言、教育或社會傳遞固然也很重要，但只有在兒童可以將提供給他的東西同化進他自己的運算結構裡時，這幾項因素才會產生作用。

漸進平衡。這樣一來，另一種因素 —— 讓動作協調的漸進平衡就成為必不可少的了。為什麼說平衡作用這種解釋模式可以讓人滿意呢？理由有兩個。第一，主體對外界干擾的補償活動是智力平衡的來源。由於補償導致可逆性，因此，運算結構的漸進平衡活動就在向前發展，以持續增加可逆性的形式。這樣一來，不僅可以將平衡視為智力的一種合理的定義，還可以作為智力發展的一種解釋。第二，一種具有了可逆性的運算結構也就平衡化了，但是它在這之前已經經歷了連續平衡的前運算進程。如果我們對這一漸進平衡化過程進行追蹤就會發現，任何一個特定步驟，起初雖然未必是可能性最大的，但是前面的步驟一旦實現了，它就是最有可能的了。這樣，平衡包含一種可以面對具體細節的連續可能性的雛形，並且提供了一種以內部強化而不只是外部強化為基礎的學習理論。

七、知覺和心理意象

　　智力發展的研究只是發展研究領域的一個組成部分。除此之外，還有對知覺和心理意象方面的研究。

　　知覺的發展。在知覺發展方面，已經有兩類現象得到了證實：一是效應的強度降低，但它的結構不會發生變化。二是隨著年齡的越來越大，活動更好的結合起來。

　　一種普通機率模型可以對那些結構上沒有改變但其強度隨年齡增長而降低的效應進行解釋。人們已經對大約 15 種經典視錯覺的發展進行過研究。德勃夫大小錯覺、繆勒－賴爾錯覺，以及角、矩形、平行四邊形的錯覺都可以在這方面作為例子。對每一種錯覺用各種不一樣的比例進行研究，並確定每一年齡的比例的正負極限，會發現每一種錯覺的極限比例都是相同的。這樣就能夠將一切錯覺的效應進行歸納，得到一個普遍的定律，那就是「中心化」效應：過高預估了中心區域，過低預估了邊緣區域。在某些較簡單的情況下，這一解釋在皮亞傑進行的一種眼動研究裡得到了證實。例如，與橫平線相比，直分隔號會被預估過高。實際上，被試在圖形呈現的大量時間裡，都在一直注視著直分隔號的頂端。

　　另外，這些知覺活動智力的影響和指導的程度越來越大，智力對影響不到最初的知覺錯覺，但對知覺活動的確還是有一部分的作用，它為探索指路，並將知覺引到自己的結構裡面來。但是，更重要的，是要注意知覺的形象功能缺乏獨立發

展達到什麼程度，以及它從屬於運算功能，能夠達到了什麼程度。形象功能可以在早期運動行為中找到起源，而且它在後來的發展中，為運動智力所指導。

心理意象。心理意象是另外一種形象功能，對其發展已有過系統的研究。近年來，心理意象處在一個相對被忽視的境地了，從來沒有在兒童中進行過很多研究。有兩個問題需要研究：

1. 要證實意象的發展到底是自發的，還是在運算發展影響下才發展的。

2. 要證實意象到底是在為運算鋪平道路，還是正相反，是被運算所修改，依賴運算才能建構。

就第一個問題來說，現在已經可以將意象分為兩種主要的類型。除了再現或「複寫」意象，再來就是預期意象。比如，想像有一根棍子，將它的一端裝在旋軸上進行轉動，在那些年齡還很小、無法從事運算的兒童那裡出現的是再現意象，完全沒有預期意象。所發生的錯誤實際上是前運算思維中的錯誤的記憶的恢復。而且，預期意象並非直接由再現意象引導出來的，而要需要運算的參與。到了運算水準，這種意象變得非常的靈活，而且可以作為運算思維的一種符號輔助物，是很有用的。

對第二個問題進行考察，是透過對各種運算測驗（比如守恆）的追溯，和告訴兒童進行什麼樣的變換後，讓他們對將會出現什麼樣的情境進行預測。比如就數量守恆來說，拿出 12

個藍色小圓片，將其擺成 15 到 20 公分長的一排，在距離差不多 30 公分的地方，將 12 個紅色小圓片也擺成一排，長度在 30 到 40 公分。用高 1 公分的隔牆的槽，讓每個藍色的小圓片都和 1 個紅色的小圓片結合，這樣一對小圓片就可以順著槽向對方的方向移動，最後一定會碰到。把這些小圓片放在各自之前的位置，問兒童下面這些問題：藍色的小圓片和紅色的小圓片是否一樣多？如果將所有藍色的小圓片都移到紅色的那邊去，那麼兩者的數量是否是一樣多？諸如此類。結果顯示，那些幼小的兒童完全可以對小圓片的移置進行描述，但在 6.5 歲或 7 歲之前，他們還無法斷言兩種小圓片的數量是一樣多的。他們會認為隨著排列的變長，數目在增加，隨著排列的變短在減少。預期依然停留在橫向上，注意力集中在排列的長短上。以後到了運算水準，就會變成縱向的了，注意力集中在移動的道路上，並可用來一對一的對應進行檢驗。同樣的結論也可以在別的一些實驗中得到，也就是說，足夠的意象本身是不足以讓運算思維產生的，而要受主體的運算水準的組織以及修改。

八、知識論的結論

整個研究為一個單一當時廣泛目的提供了證據。這個目的就是：對那些經驗和邏輯數學知識的性質有關的知識論假設，進行實驗檢驗。

首先，它揭示了作為一種知識論的理論，經驗主義是不夠

充足的：經驗知識自身的發展，是並不需要一種經驗主義的解釋的。就事實來說，研究兒童這方面的發展的結果顯示，經驗絕非是「閱讀」或被動的記錄，絕沒有這麼簡單。它經常被主體同化到他自己的結構圖式之中。換句話說，甚至物理知識（就它最廣泛的意義來說）總是和依靠主體本身所獲得的經驗的一種邏輯數學結構存在關係。至於說這種結構，不只是一種語言的表達方式，而是源自主體本身動作的最普遍的協調系統。總而言之，它是運算的。

當時，說主體在組織知識的物質客體上發揮了積極的作用，這並不就是說各種先驗知識論的理論所堅持主張的觀點那樣，認知只是來源於主體（在格式塔理論中先驗論的影響仍然存在）。認知既不是從獨立於某一主體之外的客體來的，也不是從獨立於客體之外的某一主體來的。主體與客體間不可分離的相互作用才是它的來源，或者換一句更通俗的話說，機體與環境之間的相互作用就是它的來源。最開始的時候，這種相互作用讓客觀與主觀之間缺少分化，或者出現了混淆，這在兒童的自我中心狀態裡非常明顯。隨後，它產生兩種發展，這兩種發展是有關聯的。一種發展是中心化的解除，結果經驗知識的客觀性的形成。另一種發展是反省抽象，結果就是建立了邏輯數學結構。

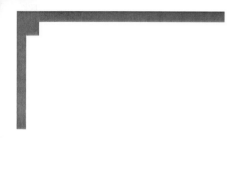

第二章
發展與學習

首先，我想先將下面兩個問題之間的差異弄清楚：一般發展問題，還有學習問題。儘管有些人沒有對其進行區分，但是在我看來，這兩個問題是有很大差異的。

　　認知的發展過程是自發的，它與胚胎發生的整個過程有著緊密的關係。胚胎發生和肢體發展，同樣也和神經系統和心理功能的發展密切相關。就兒童認知發展的情況來說，胚胎的發生會一直持續到成年時才宣告終結，我們必須要對普遍的生理和心理關係的一整個的發展過程進行再一次探討。換句話說，發展是一個與認知結構的整體有關的過程。

　　學習表現出的情形正好與此相反。通常來說，學習要麼是由某個心理實驗者的情境激發出來的，要麼是由按照某種教學方法觀點進行教學的教師激發出來的，要麼是由某種外在的情境激發出來的。總而言之，它是被激發出來的，和自發正好相反。另外，這是一個存在限制的過程，也就是局限在一個單一的問題或者結構之內。

　　所以，我認為發展在對學習進行著解釋。認為發展是分離的學習經驗的總和的這種觀點為大眾所廣泛接受，而我的這一觀點恰恰和這是相反的。對於一些心理學家而言，發展已經縮小到僅是一系列特別的學習項目，發展不過是這些項目的總和，也是這些特別項目系列的累積。在我看來，這是一種於事物真實情況有損的原子論的觀點。而實際是，發展是一個基礎的過程，而每一學習成分不過是作為整體發展的功能之一而出現，並不能作為對發展進行說明的一個成分。接下來我將在第一部分對發展進行討論，第二部分我會再探討學習。

　　為了對認知的發展有更好的理解，我們必須先談一個觀念，在我看來這個觀念是中心觀念，即運算觀念。知識並非現實的摹本。對一個物體或一件事情有所了解，並非簡單的看看它，而是要將其構成心理的摹本或意象。知道了一個物體，就是要作用於這個物體。了解就是要對這個物體進行更改或轉變，並對整個轉變的過程有所了解，這樣的結果是理解建構物體的方式。運算這樣來看就是認知的本質。它是內化了的動作，對認知的客體進行著改變。比如運算能夠將物體歸為一類，構成一種分類。運算有可能包含了排序，把東西按序排列，也有可能包含了測量或計數。換句話說，它是一整套對物體進行改變的活動，能讓認知者將這種變化的結構掌握。

　　運算不僅是一種內化了的動作，還是一種可逆的活動，即它可以朝兩個方向發生，比如加和減，比如分開和結合。因此，它是一種動作的特殊形式，組成了邏輯的結構。

　　總而言之，一種運算從來都沒有是孤立存在的時候，它總在和別其他的運算關聯在一起，而且作為其結果，它從來都是整體結構組成部分之一。比如一個邏輯類並非孤立的，它依存在分類的整體結構當中。非對稱關係是無法孤立存在的，序列是它基本的、自然的運算結構。一個數是無法孤立存在的，它依存在數的系列當中。這些數的系列組成一個非常複雜的結構，數學家已經將它的各種性質揭示出來了。

　　從我們必須弄明白的認知發展來看，我覺得，組成認知和自然心理現實的基礎就是這些運算結構，而且弄清楚這些結構的形成、精化、組織及其作用，就是發展的核心問題。

我想對這些結構的發展階段進行一下回顧，我不會展開的講，只是進行一下提示。這個發展階段它們被我分為四個主要階段。首先是感覺運動階段，前語言階段，大概是出生後前 18 個月的這段時間。在這個階段中，獲得發展的是後來構成表象知識基礎的實際知識。可以舉一個例子：物體永久性圖式的形成。對一個嬰兒而言，在人生最初的幾個月裡，一個物體並沒有存在的性質。如果一個物體看不見了，他就不打算再去找它了。

　　後來，嬰兒會試圖在它所在的空間找它。所以，隨著形成永久性的客體觀念，實際的或者感覺運動的空間也建構了起來。建構時間的連續性還有初級感覺運動因果關係也是一樣的。換句話說，一系列以後的表象思維不可或缺的結構都有了。

　　前運算的表象期是第二個階段 —— 這個階段是語言和符號功能的開始，所以也就是思維或表象的開始。不過，在表象思維水準上，一切在感覺運動水準上出現的東西，現在都不得不重新建構了，即感覺運動的動作並非馬上轉化成為運算的。實際在前運算表象的第二個時期裡面，兒童並不具備我剛才講的運算的概念，尤其是作為可逆運算的心理標準的守恆還沒有出現，例如我們把一個玻璃杯裡的液體倒進另一個形狀不一樣的杯子裡時，在前運算期的兒童看來，兩個杯子裡的液體是不一樣多的。沒有運算的可逆性，就不會有量的守恆。

　　在第三個階段裡最初的運算出現了，但我將其稱為具體運算，因為它們不能在語言表達的假設上進行運算，要在物體之

上進行運算。這時已有序列運算、分類運算、數概念的建構、空間和時間的運算，還有所有的初步邏輯的類和關係，初步的數學、幾何甚至初步的物理的邏輯的基本運算。

最後是第四個階段，超越了之前的那些運算，兒童達到了被我叫作形式的或假設演繹的運算水準，即他現在可以根據假設進行推理，而不再局限於物體上。他建立了新的運算，在命題邏輯上進行運算，而不再局限於簡單的類、關係和數的運算。他有了新的結構，一方面是組合的，這個相當於數學家們說的「格」，另一方面則是更加複雜的「群」的結構。關於具體運算的水準，運算只能在直接的鄰近關係裡運用，分類依據連接不斷的內包含就是一個例子。但是當到了組合水準時，那些群結構就更加靈活了。上面就是我們確定的四個階段，接下來我們闡述一下它們的形成。

從一組結構過渡到另一組結構的發展，用什麼因素可以對這個發展進行解釋呢？我認為，主要因素有四個：首先是成熟，這裡用的是指格塞爾（Gesell）使用這個詞的意義，因為這種發展，可以說就是胚胎發生的繼續。其次是物理環境對智力結構的影響。第三，廣義上的社會傳遞（包括語言傳遞、教育等等）。最後這個因素經常為人所忽視，但是在我看來這是一個基本的，甚至可以說是首要的因素，我將其稱為平衡因素，如果你們想的話，也可以將其稱為自我調節的因素。

讓我們先說第一個因素 —— 成熟。在格塞爾的假設下，有人可能會覺得，這些階段不過是神經系統內部成熟一個簡單的反映而已。當然，成熟的作用的確不可缺少，絕對不能

忽視，在兒童發展期發生的每一次轉變裡，它都一定要發揮作用。但是，這第一個因素自身就不是充足的。首先，不算兒童剛出生的前幾個月，對神經系統的成熟情況，我們其實是一無所知的。在兒童的前兩年我們是略知一二，此後我們所了解的就非常少了。但是，有一點更重要，那就是成熟並不能將一切都解釋清楚，因為這些階段出現的平均年齡（實足年齡），在不一樣的社會是不一樣的，差別還很大。這些階段出現的順序是沒有變化的，研究過的社會中都證實了這一點。那些大學裡的心理學家們曾在很多的國家重複進行了這些實驗，已經證實了這一差別的問題確實存在，比如他們在南非喀拉哈里沙漠地區的一個游牧部落的黑人中做的實驗，和在伊朗的城市和鄉村中做的實驗，發現是同樣的。儘管這些階段的順序不變，但是達到這些階段的實際年齡差別卻很大。我們在日內瓦做實驗得到的結果，和我們在美國做實驗的也並不相同。更有甚者，研究者在伊朗的德黑蘭市區實驗的結果和在日內瓦的實驗結果差不多，但是卻要比在伊朗鄉村裡的實驗結果早兩年。加拿大心理學家和神父在蒙特婁重複了我們的實驗，和我們發現的年齡一樣。但是他們在馬丁尼克島做的實驗結果卻又晚了四年。即使事實上，馬丁尼克島的兒童都是在遵循法國制度、教授法國課程的學校上學，並都在小學教育完成時獲得了畢業證書，但是還是晚了四年。也就是說，雖然階段是相同的，但是達到這些階段的年齡卻被延遲了。這些年齡的差異也就表示，成熟是無法將一切都解釋清楚的。

　　接下來我要談一下經驗的作用。顯而易見的是，物體的經

驗，物理實體的經驗，是認知結構發展過程中一個基本的因素。但是，這個因素同樣不能將一切都解釋清楚，對此我有兩個理由。第一個理由是，一些在具體運算階段開始時出現的概念，我沒有看出它們是如何在經驗中形成的。讓我們舉一個改變橡皮泥形狀的例子，來看看物質的守恆吧。我們給一個兒童一塊球形的橡皮泥，讓他將其變成香腸形，然後問他，橡皮泥的分量前後是否一樣，即形狀改變了的橡皮泥和之前是不是一樣多。然後再問他現在重量是不是和之前一樣，最後再問他體積。體積可以透過將球形和香腸形的橡皮泥放進盛滿水的玻璃杯裡，根據溢出的水的多少來測量。每次實驗的結果都是一樣的，這表示首先達到了物質的量的守恆。8 歲左右的兒童都會認為橡皮泥一樣多。再往後一些時間，兒童才會斷定質量是守恆的，然後更晚一些時間，才會斷定體積是守恆的。這樣我就要提問了：你們物質守恆的觀念是從哪裡來的？在一個恆常的質量或一個恆常的體積還沒有時，一個恆常不變的物質又是什麼呢？你們可以利用知覺知道球的質量和體積，但是，和物質數量有關的觀念是知覺無法告訴你們的。任何實驗或經驗都不能告訴兒童，這裡有一樣多的物質。他們可以透過稱一下球知道了質量守恆，也可以透過將球放進水裡知道了體積守恆。然而，獲得物質概念要麼在質量之前，要麼在體積之前。這種物質的守恆只是一種邏輯發展的必然性。兒童現在明白知道的是，在轉化的過程中，一定有某種東西是守恆的，因為只要讓這種轉化再倒轉過來，就又可以看見轉化之前的形式，也就又一次得到了這個球體。他們清楚有一種東西是守恆的，但是是

什麼並不知道。它不是質量，也不是體積，它不過是一種邏輯的必然性。在我看來，這就是在認知進展過程裡的一個實例，也就是對某種東西的守恆有著一種邏輯的需求，儘管不存在能導致這種觀念的經驗。

　　將經驗視為具有一種解釋因素的充分性，我反對的第二個理由是，經驗這個概念本身就具有多義性。事實上經驗可以分為兩種，在心理學意義上區別很大，而在教育學的意義上來看，這種區別又是十分重要的。正因為教育學上的重要性，我才對這個區別進行單獨的強調。首先，存在一種被我稱作物理經驗的東西；其次，是被我稱作邏輯數學經驗的東西。

　　物理經驗，是由和物體有關的一些知識所組成的，這些知識透過作用於物體並透過對物體的抽象獲得。比如要想知道這個菸斗要重於那支錶，兒童就得去稱一下這兩樣東西的質量，找到這兩者本身的差異。經驗這個詞通常的意義就是這個，經驗主義者們所使用也就是這個意義。但是，還有另一種類型的經驗存在，就是我將其稱為邏輯數學經驗的經驗，在這種經驗裡，知識來自作用於物體的動作，而不是來自於物體本身。這就是兩回事了。當人們作用於物體時，這些物體確實存在在那裡，不過也有一組改變物體的動作存在。

　　關於這種類型的經驗，我想舉一個例子，這是一個非常好的例子，因為我們已經透過多次在 7 歲以下的幼兒實驗中獲得了證實，而且這個例子，也是我的一位研究數學的朋友提供給我的，是他自己孩提時代的事情，也是有了這次經驗，他才開始了他的數學生涯。當時他只有 4 歲或 5 歲（準確的年齡我已

經無法記清了,總之就是他還很小的時候),他在花園裡坐著數著小石子。為了將這些石子數清楚,他將它們擺成一行,然後從一開始數一直數到十。數完後,他又開始從石子的另一端再數,發現還是十。他發現了這個奇異的現象,從一端開始數是十,從另一端開始數還是十。於是他又將石子擺成一個圓圈,然後再依次數下去,發現數量依然是十。他又換一個方向來數,發現數量仍舊是十。他又將石子擺成別的形狀再數,發現數量一直是十。這就是他的發現。

他到底發現了什麼呢?他並沒有發現石子的什麼性質,而是發現了排列順序的這個動作的性質。這些石子本身不存在什麼順序,是他的動作讓其有了一種順序,直線的、圓形的或者其他形狀的。他發現,石子的總數不會為排列順序所影響。順序是由他引入到石子裡的動作。石子自身沒有什麼總數可言,它們不過是雜亂的一堆。為了獲得總數,就得有動作 —— 將它們聚攏起來、再進行清點的操作。他發現總數不會為排列順序所影響,即把石子堆在一起的動作,還有排列順序的動作和總數沒有關係。因此說他發現的不是石子的動作,而是動作的性質。你可能想說,石子可以讓人擺弄,這就是它的性質。這的確也是事實。不過我們的實驗對象也可以假設是幾滴水,那麼幾滴水可是不能夠讓人這樣隨意擺放的。兩滴水和兩滴水不可能形成四滴水,這是眾所周知的,所以我們需要承認,水滴是無法這樣隨意擺弄的。

因此,這個經驗揭示的並非石子的什麼物理性質,而是作用於石子的動作的性質,這是另一種形式的、迥然不同的經

驗，它是數學演繹的起點。後來的數學演繹將會這樣進行：這些動作得到了內化，以後也就不再需要任何石子將它們組合起來看。這位數學家用不上石子的幫助了。他的運算，只需要用符號就可以了，這種運算的起點是邏輯數學經驗，和經驗主義者所說的那種經驗根本就是兩回事。它是動作協調的開始，但是這種動作協調在運算階段之前，還得要有具體物體的支援。在這以後，這種動作的協調就逐漸導向邏輯數學結構。我相信，邏輯並非語言的衍生品，它的來源要更加深遠。它是動作的整體協調，是對東西進行集中或編排順序的動作等等，即所謂的邏輯數學經驗。這是主體動作而不是客體本身的一種經驗。這是在運算出現之前必不可少的一種經驗。運算一旦獲得，也就不再需要這種經驗了，動作的協調，將會以其自身的演繹的形式和抽象結構的建構出現。

第三個因素是社會傳遞 —— 語言傳遞或教育傳遞，這同樣是一個基本的因素。這些因素中任何一個的作用我都不會否認，它們在發揮著作用，不過這個因素是不充足的，因為兒童可以利用成人指導的語言或教育獲取有價值的資訊有一個前提，那就是這些資訊對於兒童來說，是可以理解的。這就是說，要獲取資訊，他沒有一個可以讓他同化這種資訊的結構是不行的。這就是為什麼你不能去教 5 歲的兒童高等數學的內容，因為他還不具備可以能理解這些資訊的結構。

我再舉一個非常簡單的例子，這個例子是關於語言傳遞的。在我剛開始從事兒童心理學研究時，曾在具體經驗與語言中部分和整體的關係的研究上花了很長的時間。例如，我用到

了在伯特測驗中用過的句子：「我的花有一部分是金鳳花。」兒童之前了解所有金鳳花都是黃色的。所以，可能的結論有三個：整束花都是黃的；一部分花束是黃的；整束花都不是黃的。我的發現，一直到9歲，兒童們才會認定「整束花是黃色的」，或者「一部分花束是黃色的」。在他們看來，這兩種說法的意義一樣。「我的花有一部分」這個說法所表達的意思，是他們所無法理解的。他們不知道這裡的「有」是屬於部分所有格，是將一部分花包含在我的花之中。「我的花有一些」，在他們的理解裡是「我的幾朵花」，好像這幾朵花和我的花混淆的了，是同類的。因此，你還可以在9歲的兒童那裡聽到他們每天都在用著這樣的語言結構，他們可以將分類包含於總類中，卻還無法理解這一結構。直到他們自己將這一邏輯結構牢牢的掌握了以後，當他們根據我們將要討論的發展規律，自己將這種結構建構起來的時候，他們才可以對這種語言表現法有一個正確的理解。

現在我們來說一下加在前面三個因素上的第四個因素，在我看來，這個因素是一個根本的因素，它就是我說的平衡因素。既然前面說了三個因素，它們本身之間一定要保持平衡，這就是我引入平衡因素的頭一個原因。不過我還有第二個原因，我覺得這是根本的原因，那就是，在求知活動中，主體是主動的，所以在他面臨外部困擾時，他就要做出反應以求得補償，好讓他趨於平衡。平衡用主動補償來說明導向可逆性。運算的可逆性是平衡系統的一個模式，在這個模式裡，向一個方向的轉化，由向另一個方向的轉化來補償。按照我的理解，平

衡就是這樣一個主動的過程，同時也是一個自我調節的過程。在我看來，這個調節的過程就是發展的根本因素。我是以控制論中的意義來用這個詞的，這就是回饋和輸送進行過程具有的意義所在。這個平衡過程採用一系列的平衡水準的形式，這些平衡水準都具有某種可能性，我將其稱為連續的可能性。就是說，這種可能性並非先天就有的，它存在一個水準層面的順序連續。如果平衡沒有達到第一水準時，就沒有達到第二水準的可能；同樣如果平衡達到了第二水準的時候，才有去達到第三水準的可能，以此類推。也就是說，每一水準是否能夠達到，都由已經達到了的前一水準給予的最大可能決定。這指的不是最初具有的最大可能，而是由已經達到了的前一次水準再一次賦予的最大可能。

　　這裡我要舉一個例子，讓我們透過橡皮泥從球形變成香腸形的轉化，來看一下守恆觀念的發展。你在這裡能夠清晰地看到四種水準。對於兒童而言，最初最大的可能是他們只想到了一種維度，比如假設兒童注意到長度的可能性是 0.8，那麼注意到寬度的可能性就是 0.2。這個可能性的意思是比如有 10 個兒童，注意到長度而忽略了它的寬度的有 8 個，注意到它的寬度而忽略了長度有 2 個。他們可能只注意這一種維度。因為在這個階段裡面，這兩種維度是相互獨立的，同時將這兩者都注意到的可能性只有 0.16，小於前兩個可能性中的任何一個。也就說，在一開始最有可能的就是只能注意到一種維度，實際上兒童會說：「這個長一點，因此香腸形的裡邊就多一些。」一旦兒童達到這個第一水準，你將香腸形的橡皮泥再拉長一些，兒

童馬上就會說：「不，它現在太細了，因此裡面是少了些。」現在他們已經注意到了寬度，但是又把長度忘記了。這時你就看到了第二水準，這個水準是在達到了第一水準後，才變成可能性最大的，但在最初的時候並不是。他們注意到了寬度，不過早晚還會再回來注意長度。這時候你就看到了第三水準，他們在長度和寬度之間徘徊，並且會發現這兩者之間是存在關聯的。當你將橡皮泥拉得越來越長，也就是讓它變得越來越細；當你將它弄得短了一些，也就是讓它變得粗了一些。他們發現這兩者是存在固定的關聯的，並發現其中的關係。他們的思考開始使用轉化的觀點，而拋棄了僅僅局限於最後外形的觀點。他們現在會說，橡皮泥變得越長，也就變得越細，因此它還是那個東西。它的長度增加了，寬度就減少了。當你將它縮短一些，它就粗了一些，它的長度減少了，寬度就增加了。因此，這裡存在著補償——這就是我之前解釋的平衡的意義。結果你發現了運算和守恆。換言之，你經常會在這些發展的進程裡發現一個自我調節的過程，我將其稱為平衡。在我看來，這是獲得邏輯數學知識的一個根本的因素。

　　我現在要開始我的演講的第二部分，對關於學習的問題進行討論。在經典的看法那裡，學習建立在刺激—反應的圖式上，雖然我並不認為這一圖式是虛假的，但是我還是覺得，在任何情況下，這一圖式都無法徹底的解釋認知學習。為什麼？因為在你想到這個刺激—反應圖式時，你就會覺得首先得有刺激，然後才能由刺激引出反應來。如果我表達我自己的意見，按照這樣的方式來，我相信反應是處在第一位的。一個刺激

之所以會成為一個刺激，只能是因為這個刺激是具有一定意義的，而它之所以能具有一定的意義，也只是因為存在著一個允許其同化的結構，存在著能統合這個刺激的結構，並同時能夠發出它的反應。換言之，我建議將刺激—反應的圖式畫成一個環形，這一圖式或結構的形式並非單一方向的。我特別建議在刺激與反應的中間，還應該有一個有機體及其結構。只有當這個刺激能夠被同化進這個結構中時，它才算得上一個真正的刺激，而且發出它的反應的正是這個結構。所以將反應說成第一位並沒有誇張，如果你最初就希望存在著結構的話。我們自然要弄明白結構是如何形成的。我之所以提出平衡或自我調節的模式，是想讓這個問題早一點獲得解決。一旦結構有了，刺激就會引起反應，不過只是透過這個結構的連結而產生的。

對此我可以提供一些事實。我們占有的事實有很多，我只從中選出幾種由我們的同事搜集到的事實。這位同事幾年前曾經來過日內瓦，他深信（已經發表在他的一篇論文中了）守恆觀念的發展，可以透過一種刺激—反應類型的學習而無限的加速。我激請他到日內瓦住上一年，請他為我們說明他自己可以加速運算守恆的發展情況。我只涉及他的實驗內容中的一項。

他在日內瓦度過的一年的時間裡，選擇的研究方向是質量守恆。實際質量守恆是很好研究的，原因就是可能的外部強化的存在，即只要在天平上對球形或香腸形的橡皮泥的質量進行稱量，就可以對兒童對這些外部結果的反應進行研究。他一方面對質量的守恆進行研究，另一方面又展開質量傳遞性的研究，也就是假設 A ＝ B，B ＝ C，則可知 A ＝ C 的等量傳遞性，

或假設 A ＜ B，B ＜ C，則可知 A ＜ C 的等量傳遞性。

　　單就質量守恆來說，這位同事輕而易舉的獲得了成功。他搜集了一些 5 歲和 6 歲的兒童們做出的概括，即當橡皮泥從球形變成另一種形狀時，質量是守恆的。兒童們看見了，橡皮泥從球形變成香腸形，或者變成小碎片、薄餅等等其他任何的形狀，再稱一下重，發現總是一樣的質量。他們確信不管怎樣擺弄它，都是一回事，總會出現一樣的質量。他就是透過這樣的外部強化的辦法，輕鬆的獲得了質量的守恆。

　　但是，和這個相反的事，同樣的方法在教授傳遞性上卻遭遇了失敗，傳遞性的觀念為兒童們所拒絕。在某些情況下，兒童可能會做出正確的預測，不過這種預測被他視為一種偶然性或可能性，而非必然性。在傳遞性的事例中，兒童從來都沒有表現出過必然性來。

　　這就是第一個例子，在我看來，這個例子非常有教益的，因為質量守恆這個問題牽涉到的方面有兩個：物理的方面，還有邏輯數學的方面。請注意，這位同事的研究，是在建立守恆和傳遞性中間存在著一種相關的基礎上的。他首先研究的是和守恆問題有關的自發反應，還有和傳遞性相關問題的自發反應兩者之間的關係，他進行了統計，發現兩者之間的相關十分明顯。不過，他在學習實驗中獲得了守恆的學習，沒有獲得傳遞性的學習。所以，在獲得被我稱為早期物理經驗的學習上，他獲得了成功，不過在獲得邏輯結構的建構學習上遭到了失敗。這對我來說並不值得奇怪，因為邏輯結構並非物理經驗的結果。它無法透過外部強化來獲得，只能利用內部平衡還有自我

調節才能實現。天平這一來自外部的強化，是不足以將這種傳遞性的邏輯結構建立起來的。

我還能夠舉出許多別的可比的例子，但是我認為，沒有必要總是強調這些反面的例子。我接下來要說明，學習在邏輯數學結構方面是可能的。但是這是要有一個前提，那就是你打算教給對方的這些結構，要有比這個更初階、更簡單的邏輯數學結構作為支柱。我可以向你們舉個例子，這個例子屬於一一對應中的數的守恆：你將 7 個藍色的金屬片交給兒童，讓他擺出一樣多的紅色金屬片，如果是前運算階段的兒童，那麼他的做法將是對著每一個藍色的金屬片放一個紅色的。如果這時你將紅色的金屬片散開排成比藍色的長的一列，那他就會說：「紅色的金屬片比藍色的多了。」

現在，如果你想讓獲得數的守恆的過程加速，那應該怎樣做呢？你現在不妨想像一個相類似的結構，不過是更初階、更簡單的情境，比如不久前我們就和英海爾德小姐一起進行了一一相應觀念的研究，道具是用一堆珠子和兩個同樣形狀的玻璃杯，讓一個兒童分別用兩隻手分別將兩顆珠子放進兩個玻璃杯裡，一次次的重複這個動作，他會看見兩邊總是一樣多的。然後我們藏起來一個杯子，可以將它蒙起來，讓他再也看不見這個杯子，不過還是讓他繼續一顆顆的往杯子裡放珠子，同時另一個看得見的杯子裡也繼續放。這時問他兩個杯子裡的珠子是否還保持著等量，這個杯子裡的珠子是否還和另一個杯子裡的一樣多。你這時會發現，年齡極小的兒童，大概在 4 歲的都不願做出判斷，他們會說：「它們之前的數量都一樣多，不

過現在我不知道了，因為我看不見那個杯子了，因此我不知道。」這時的他們不想進行概括，不過差不多從 5.5 歲開始，就能夠做出概括了。

這和散開紅色的、藍色的金屬片的情況正好相反，得七、八歲的兒童才能說出來這兩行金屬片是一樣多的。我可以舉一個 5 歲零 9 個月的小男孩的表現作為一個例子概括這個話題：在他將珠子放進去一會後，我們問他，如果他整天整夜的這樣放，或者第二天接著放，兩個杯子裡是不是總會有一樣多的珠子。這個小男孩的回答十分可愛：「你一旦知道了，就是永遠都知道了。」換言之，這就是遞推式的推理。因此在這裡，兒童就是在這樣特殊的情況下獲得了結構。數是類包含和順序的綜合，兒童自己的動作對這種綜合的形成是有利的。你將一個接一個同樣動作重複的情境，連續的動作確定是有順序的，同時也是包含的。這樣可以說，你就有了在特殊情況下有利於建構數的觀念的一種局部的包含和順序的綜合了，而且你可以發現這種經驗在效果上對另一種經驗的影響力。但是，這種影響力並非直接產生的。我們從這種遞推的情境到另一種將金屬片在桌上擺成一行的情境來對概括作用進行研究，概括作用並非直接產生的，而是得有中介，才有可能。換句話說，如果你在較簡單結構的基礎上建立學習，就能夠發現某些對這個結構的學習。

在數的結構發展同一領域裡，一位心理學家在我們日內瓦的研究所裡進行了一年的工作，利用引入加法運算的辦法，也證明了可以對這樣的獲得加速。這和我之前描述的實驗裡是一

樣的情況。這位心理學家引入它們，是在不同的方式中，不過也達成了某種學習。換言之，如果你以較簡單的結構為基礎，建立複雜一些的結構，那麼學習就是有可能的。這就是說，在這個時候，結構之間存在著自然的連結和發展，而不只是外部的強化。

現在，我想用幾分鐘的時間，將我所講的東西做一下總結。我的第一個結論是，結構的學習好像也服從於這些結構發展的同樣的規律。換句話說，就像我在引言裡提到的，學習是從屬於發展，而不是反過來。毫無疑問，你會提出不同的看法，因為已經有研究者在教授運算結構的研究上獲得了成功。不過在我面對這些事實時，在將我說服之前，我一般都會提出三個問題要求回答。

第一個問題：「這種學習的效果可以持久嗎？過了兩個星期或者一個月，還能夠留下什麼？」一種自發發展起來的結構就可以持久，就可以在兒童的全部生活裡一直持續下去。如果你是利用外部強化獲得學習時，那麼是否可以持久？持久的必要條件是什麼？

第二個問題：「能概括到什麼樣的程度呢？」讓學習有趣，是概括轉移的可能性所在。當你將某種學習引起來以後，你不妨經常問一下，在兒童心理生活中，這種學習是一種孤立片段呢，還是一種真正的動力結構，可以引發概括的？

接下來是第三個問題：「在每個學習經驗的情況下，在這個經驗之前主體的運算水準是什麼樣的呢？在這種學習中，成功的獲得了什麼更加複雜的結構呢？」換句話說，我們必須從

開端時所出現的自發運算，和在學習經驗後獲得的運算水準的觀點出發，來對每一個特殊的學習經驗進行考察。

我的第二個結論是，和整個發展和整個學習有關的基本關係，並非聯想的關係。刺激—反應圖式將這兩者之間的關係理解成聯想的一種。我的觀點與此相反，同化是這兩種的基本關係。同化和聯想是兩回事，我關於同化的定義，是將各種現實在一個結構中進行統合，而且在我看來，學習的根本就是同化，從教育學的或教學的應用的觀點來說，這是基本的關係。我今天所說的這些都顯示兒童或學習的主體是主動的。一個運算就是一個活動。在我看來，刺激—反應圖式低估了對主體方面的這種活動。我這裡提出的觀點，是將自我調節的觀點，將同化作為重點，每個強調都在主體自身的活動上。我認為，沒有這一活動，就不會有讓受教育者有明顯轉變的教學法和教育學出現。

最後，我要用對心理學家貝里尼（Bellini）發表的一篇優秀論文的評論，作為我今天談話的結束。貝里尼與我們在日內瓦一起工作了一年。在這段時間裡，他致力於研究將我們在運算發展上獲得的結果轉譯成刺激—反應的語言，尤其是成為赫爾（Hull）的學習理論。在我們的發生知識論研究叢書裡，貝里尼發表了一篇十分出色的文章，比較了日內瓦研究的結果和赫爾理論。我在同一冊書裡對貝里尼的結果進行了評論。貝里尼的結果主要觀點是：我們的發現可以用赫爾的語言進行很好的解釋，但是有個前提條件：引進兩種限制。不過他認為，這兩種限制涉及的概念將多於赫爾理論的。對此我不會這樣的肯定。

第一個限制是，貝里尼要將刺激—反應中的兩種反應區分開來，第一種是屬於普通的、經典意義上的反應，將前一種類型的一種反應轉化為這種類型的另一種反應。這種轉化反應，也就是我總提起的運算。你會立刻看出來，這是對赫爾理論的一個十分重大的修正，因為在這裡已經引入了轉化的成分，也意味著同化的成分也一同引入了進來，那就再也不是刺激—反應那樣的簡單聯想了。

第二個被貝里尼引入刺激—反應語言中的限制，是介紹了他命名的內部強化。這些內部強化是什麼呢？它們就是被我稱為平衡的東西，或者也可以稱作自我調節。內部強化可讓消除主體間的矛盾、不一致甚至衝突。所有的發展都有暫時的衝突和不一致的成分，必須要進行克服，好達到一個水準更高的平衡。這種不一致的消除，就是貝里尼所說的內部強化。

因此，你會發現它真正是一種刺激—反應的理論。假使你是這樣認為的話，首先，你加進去運算，然後再加進去平衡，這就是我們所要的一切了。

第三章
新方法，它們的心理學基礎

我們如何為教育的方法下定義？我們應從什麼時候確定它們的出現？教育就是讓兒童學會適應成人的社會環境，即按照社會賦予一種價值的集體現實的整體來對個體的心理生物結構進行改變。所以，教育構成的關係中有兩個項目：一個是處在成長中的個體；另一個是理智的和道德的社會價值，由教育者負責教給個體。成人根據他自己的觀點，對這兩個項目之間的關係進行理解，最初時只考慮第二個，而僅僅將教育視為看成將集體價值一代一代傳遞下去；並且，處於無知或者，甚至是出於將個體自然特性的狀況和社會化的標準對立了起來，首先為教育者關心的是教育的目標，而不是教育的技術，首先關心的是完成了的人，而不是兒童及其發展的規律。

　　因此，教育者含蓄或者明確的將兒童要麼視為受教育的小大人，給他道德教訓，讓他盡快的變成和其他成人模式一模一樣；要麼是將兒童視為各種原始罪惡的支柱，即也將兒童視為不順從的原料，和教育相比，改造才是更重要的。現在我們大多數的教育方法，根源都是這個觀點。這就將「舊的」或者叫「傳統的」教育方法說明白了。新方法則對兒童自己特有的性質十分重視，並呼籲還要對個體的心理結構及其發展的規律提起關注。這是被動或者主動的問題。

　　不過，我們不應該誤解。記憶、被動服從、模仿成人還有通常所說的接受的因素，對兒童來說，彷彿自發活動一樣，也完全是自然的。況且舊的方法雖然有的時候違反心理學的基本規律，不過就這一點而言，也不能說就徹底的忽視了觀察兒童。將這兩種教育學的區分開來的標準，不應該在透過何種兒

童特點上去尋找，而是要從教育者在所有的情況下對兒童所形成的整體看法中去發現。

　　兒童期到底是一種必然的罪惡，還是兒童的心理特點，具有將一種真正活動的功能上說明的重要性呢？這是一個根本性的問題，根據回答的不同，人們可以將成人社會和受教育的兒童兩者之間的關係視為單方面的，或者是相互作用的。第一種情況要求兒童從外面將成人那套已經完善了的知識和道德的成品予以接受，一方面的壓制和另一方面的接受組成了教育的關係。從這個觀點來看，學生的工作，即使是純個人性質的（比如寫一篇作文，翻譯一篇文章，回答一個問題），也不是個人的、真正自發的探究活動，而是強加的練習，或者是對外在模型進行抄襲的活動；充滿學生內心深處的精神狀態，仍然是服從，而不是自主。在另一種相反的情況下，將兒童視為具有自己真正的活動，並且心理的發展就包括在了這個活動的動力當中，這樣一來，受教育的主體和社會之間就是相互作用的關係了。兒童再也不是利用接受現成的、正確行為的道理和規則來接近成人的狀態，而是靠著自身的努力還有親身的經驗，來達到正確行為；反過來，社會對新一代的期望也不僅是模仿，而是獲得更加豐富的東西。

一、新方法的產生

先驅者

　　雖然可以根據要求兒童從事的真實活動，和受教育的主體和社會（他們將成為這個社會的一部分）之間的交互關係的特點，來對新的教育方法的特點進行說明，但是這類體系並不存在什麼新的東西。教育史上幾乎所有的偉大理論家們，都曾經看見過我們理解的這種觀點的某些方面。

　　蘇格拉底的助產式的辯論術，要求的不是學生的馴服，而是積極性，這是顯而易見的。拉伯雷[4]和蒙田[5]反對16世紀的口頭說教和非人道的紀律，達到了敏銳的心理學的直覺──興趣的真實作用、參與實際生活的必要性、必不可少的觀察自然、親身領會和記憶的區別（「背誦並非理解」）等，這也是顯然的。不過，就像克拉帕雷德（Claparede）一篇發表在《玄學與道德評論》（1912年5月）雜誌上的著名文章裡指出的那

4　拉伯雷（François Rabelais，約西元1493～1553年），法國文藝復興時代的偉大作家，也是人文主義的代表人物之一，代表作：《巨人傳》等。

5　蒙田（Michel de Montaigne，西元1533～1592年），法國在北方文藝復興時期最有代表性的哲學家，以《隨筆集》三卷留名後世。《隨筆集》在西方文學史上占有重要地位，作者另闢新徑，不避謙疑大談自己，開卷即說：「吾書之素材無他，即吾人也。」

樣，這些觀點，還有費奈隆[6]、洛克[7]還有別的人的意見都是片斷的。相反的是，在盧梭（Rousseau）的著作中，我們找到了現在看來價值仍然驚人的一整套見解。這種見解並不是受什麼科學實驗而啟發得出來的，而且直到現在，他的哲學內容還沒有得到客觀的判斷。

因為對自然的優越和社會的墮落的堅信不疑，走了一條意外途徑的盧梭形成了這樣一個觀點：兒童期因為是自然的，所以可能是有用的，而心理的發展可能也為恆常的規律所支配，因此，教育應該對這種機制加以利用，而不應該去阻礙它的發展。從這個觀點出發，他發展了一套無比精深而又非常詳盡的教育理論。這個教育理論，人們可以將其視為「新教育方法」的一種天才預見，或者不過是一種單純的空想也可以，這取決於人們是否先不考慮盧梭的先驗哲學，而是答應他的要求，必須將他的教育理論和他的社會學論斷放在一起，再進行考慮。

實際是在讀《愛彌兒》時，不可能完整的概括盧梭的形而上學。所以作為一位先驅者，盧梭聲譽有一些受到了影響。但是，盧梭的這種觀點恰好讓我們得以理解了在和古典理論家的體系相比，20世紀的方法真正的創新之處在哪裡。毋庸置疑，盧梭看到了「每個年齡都有它自己的動力」，「兒童擁有他自己

6　費奈隆（François de Salignac de la Mothe-Fénelon，西元 1651～1715 年），法國天主教神學家、詩人和作家。今天他被人記住的，一是寂靜主義的主要宣導者之一。

7　洛克（John Locke，西元 1632～1704 年），英國的哲學家。在知識論上，洛克與喬治·柏克萊（George Berkeley）、大衛·休謨（David Hume）三人被列為英國經驗主義的代表人物，但他也在社會契約理論上做出重要貢獻。

一套獨特的思維、情感和觀察的方法」。人們除了主動的奪取，任何東西都不可能學會，學生一定不能只是口頭上重複公式，而要重新去發明科學——這個觀點他也給出了令人信服的證明。他甚至提出了下面這樣的建議：「最初時要去研究你的學生，因為你肯定對他們一點都不了解。」因為他說的這樣的話，他別的方面都應該被諒解。然而，對於心理發展的實際的這種連續的直覺，還不過是一種社會學上的信念，甚至只是作為爭論的武器；如果他對他經常假設存在的這種心理成熟過程的規律進行過親自的研究，那麼他就不能分割開個人的發展和社會環境了。他提出的一些概念，如兒童期在機能上的重要性、智力和道德發展的階段、真正的興趣和活動等等，都已經保留在他的著作裡了，不過它們並沒有給予人們真正的鼓舞，讓他們去創造「新的方法」。到後來有些更關心客觀真理的研究者，他們從事系統實驗並進行客觀的觀察，盧梭的這些觀點才被重新發現，新的方法才得以創造出來。

在盧梭的後繼者當中，曾經在實際的學校場所中實現了他某些觀點的，至少有兩個人，在這方面，他們應當被視作新方法的真正先驅，一個是裴斯泰洛齊[8]，盧梭[9]的信徒；另一個是

8　裴斯泰洛齊（Johann Heinrich Pestalozzi，西元 1746～1827 年），瑞士教育家和教育改革家。要素教育思想的主要代表人物，被尊為西方「教聖」、歐洲「平民教育之父」。

9　盧梭（Jean-Jacques Rousseau，西元 1712～1778 年），啟蒙時代的法國與日內瓦哲學家、政治理論家和作曲家，出身於當時還是獨立國家的日內瓦。盧梭的小說作品《愛彌兒》（Émile）是一篇關於全人公民教育的哲學論文，其言情小說《新愛洛伊斯》對前浪漫主義（pre-romanticism）及浪漫主義時期的小說發展十分重要。盧梭的的自傳體作品《懺悔錄》是現代自

福祿貝爾[10]，裴斯泰洛齊的學生。

參觀過伊佛東學院的人，都對學生的自發活動、教師的特點（他們是年長的同伴和訓練者，而不是領導者），還有學校裡充沛的實驗精神留下了深刻的印象。這裡的日記上記錄了每日的觀察，兒童心理發展的進度，還有學校運用的教育方法成功或失敗的經驗。多虧有了這種精神，裴斯泰洛齊才一下子在一個主要觀點上糾正了盧梭的觀點：學校是一個真正的社會，其中的責任感與合作規範本身就足以對兒童進行教育，所以出於避免有害的影響或包含危險的競爭的考慮，而將學生孤立起來，讓他處在個人主義當中的做法是沒有必要的。此外，社會因素也會影響智力方面和道德領域。和貝爾－蘭開斯特制一樣，裴斯泰洛齊組織了一種互助的教學體系，讓兒童在他們的研究中可以互相幫助。

然而，假如活動學校的精神給予了裴斯泰洛齊的方法如此深的啟發了，那麼他的見解的細節和新教育的現代方法之間只會存在更加明顯的差別。想建立一種科學的教育學，盧梭的學說沒有的就是一種心理發展的心理學。毫無疑問，盧梭反覆強

傳的開端，而其文章〈一個孤獨漫步者的遐想〉也說明了十八世紀的一個「感性時代」（Age of Sensibility）運動，其特徵是更加注重主體性及自我反省，對現代寫作也有所影響。

10 福祿貝爾（Friedrich Wilhelm August Fröbel，西元 1782 ～ 1852 年），德國教育家，被公認為是 19 世紀歐洲最重要的幾個教育家之一，現代學前教育的鼻祖。他不僅創辦了第一所稱為「幼兒園」的學前教育機構，他的教育思想迄今仍在主導著學前教育理論的基本方向。當時來說，能讓孩子上其教育課程者均為有錢有權之父母。

調，兒童和成人不一樣，而且每個年齡都有它自己獨一無二的特徵。確實，他對心理發展的規律是恆常不變堅信不疑，這一點這樣偉大，他那著名的消極教育的公式，還有教師的干預是無用的主張也是受其啟發。但是盧梭認為兒童的這些特徵是什麼呢？這些發展規律又是什麼呢？他的觀點當中，除了對練習與探索的用處，還有關於兒童時期生物學上的需求比較精闢外，他關於兒童時期與成人時期的差別的看法，本質上是消極的。兒童無視推理，不知道什麼是責任感等等。結果是他提出那些心理發展階段（人們想看到它們類似現代階段的理論），將心理生活的一些主要機能，還有最重要的表現的出現日期簡單的確定了下來，比如必然的需求會在什麼年齡出現，興趣會在什麼年齡出現，推理會在什麼年齡出現等等，難免有武斷的嫌疑。

因此，任何一種智力或意識的真正胚胎學，都不足以將它們的動力一直在轉化的過程中，這些機能在特質上的變化是怎樣的闡釋清楚。所以，和大家一樣，當裴斯泰洛齊對最小年齡兒童的推理與道德感的起源進行說明時，他卻回覆到他當時流行的見解上了，主張兒童的內部已經包含了整個的成人，支持心理的預先形成說。這就是裴斯泰洛齊的學校不僅是成就驚人的成就，並呈現了當代活動學校的發展趨勢外，還有種種陳舊的特點表現的原因，比如裴斯泰洛齊堅信，無論什麼學科的教學，都要遵循從簡單到複雜的原則，但是，大家現在都知道了，所謂簡單這個概念，在某些成人的心中的意思是相對的，而且兒童是從整體與不分化開始的。通常來說，裴斯泰洛齊在

一定意義上是系統的形式主義的，從他的課程表、教材的分類、智力訓練還有他對示範的愛好上都可以清晰看到這一點。他對這些方面過分的傾斜，對於真正的心理發展，卻幾乎從不考慮具體的細節。

　　至於福祿貝爾，他關於活動的觀點，和在這方面的成就之間的差別可能是更大的。一方面是盧梭的兒童在自由的狀態裡自發而充分的發展的理想，兒童不是處在書本而是事物中，兒童是在動作裡擺弄物體，特別是在一種寧靜氣氛的環境之中，不存在限制或者醜惡，但是另一方面，對於心理發展自身，他並沒有什麼積極的見解。雖然福祿貝爾直覺的理解遊戲，特別是感覺運動練習對於機能的意義，但是他認為有一種個體的發展的感覺階段：似乎知覺自身不是實踐智力的、已經非常複雜的產物，而且將感覺教育放在整個智力促進裡面展開。此外，七套練習，這一福祿貝爾所設計的著名教具雖然的確朝著活動的方向邁進了一步，但是這樣的做法是讓和兒童生活真正需要相連結的具體探索被一種手工勞動的形式主義所取代，對兒童真正的創造構成了阻礙，活動這個概念的本義也被歪曲了。

　　通常來說，人們雖然不難在偉大的教育學經典著作中找到活動的理想與新教育方法的原理，但是那些和我們的在本質上是存在一個區別的。即使對於兒童期他們具有一個直覺的或者實際的認知，但是他們並沒有將為創造真正適應於心理發展規律的教育技術必不可少的心理學建立起來。除了有一種系統的心理學或心理社會學建立起來，否則新的方法是不可能真正的產生的；新方法的創立，必須從這樣一門科學出現的那天算起。

但是還需要有一點保留。在 19 世紀，有幾個教育學的體系的基礎就是心理學，只是並沒有得到今天稱為「新方法」的結論。我沒有在這裡做一次全面考察的打算，尤其是沒有討論史賓塞（Spencer）的見解的打算，不過還是有必要談一下赫爾巴特。因為他提供了一個不恰當的教育學的模型，這個模型受到了一種還不是發生性質的心理學的影響，因此對他的著作進行討論，是能夠說明。兒童心理學近來的工作是為教育科學提供了新資料的。

　　赫爾巴特[11]試圖用一種非常明確、清晰的方式，按照心理學的法則對教學方法進行調整，在教育思想史上，這無疑還是第一次。眾所周知的是，他利用歷代教師流傳下來的至理名言，並且出於更好的滿足空論派的愛好的目的，他編纂了一種條理分明的實際公式系統。他認為整個的心理生活就是一種表象機制，智力被當作一種活動而被這個表象機制排除了，因為他支持一種觀念本身的靜力學和動力學，而且整個的心靈生活是因為靈魂的自我保存傾向才獲得高度的原動力的。既然如此，那麼教育的根本問題就是明白怎樣呈現教材，讓其更容易吸收並保留，成為提供給從未知、有可能變成已知的這種統覺過程的系統的一把鑰匙。雖然赫爾巴特強調一定要考慮發展時期，考慮學生的個性，特別是他們的興趣 —— 這是目前方法的決定因素，只有根據表象的機制才是這樣的，興趣是統覺的

11 赫爾巴特（Johann Friedrich Herbart，西元 1776 ～ 1841 年），19 世紀德國哲學家、心理學家，科學教育學的奠基人。被稱為近代教育學之父。他認為教育學應該奠基於心理學以及倫理學。主要思想：統覺論是新的知識必須建立在舊的經驗上。

結果，各個年齡階段和個性類型組成了不一樣的興趣。

　　但是，赫爾巴特讓學校教育有所改變了嗎？沒有！從來沒有一個蒙特梭利[12]的班級、德可羅利[13]學校等等這樣的學校曾經依賴於他。為什麼會這樣？因為從根本上來說，他的心理學是一種心理的被動接受與成分貯藏的理論。赫爾巴特無法調和發展的生物觀點和智力的持續建構的分析，從而建立一種活動的理論。

新方法與心理學

　　所以，現在我們可以確定當代新教育方法出現了，並對其進行解釋。大家總會要求學校去適應兒童。從盧梭開始，大家都總在說，兒童是擁有他自己的真實活動的，而且如果教育不真正的去利用這種活動並進行擴展，就不能獲得成功。確實，盧梭也是因為這個公式而成了教育學的哥白尼，這就可以確切的說明兒童期的這種主動的特點包括的內容有哪些了。不過，本世紀的心理學以及從它產生的教育科學的任務，就是為心理發展與心理活動提供一種積極的解釋。

　　不過不要誤會，和從精密科學的發展裡一步一步的發展出來的工業進步的情況不一樣，現代教育學並不是發展自兒童心理學。還不如說，是心理學研究的一般精神，也包括它所運用

---

12 蒙特梭利（Maria Tecla Artemisia Montessori，西元 1870 ～ 1952 年），義大利醫生和教育家。蒙特梭利教育法的始創人。

13 德可羅利（Ovide Decroly，西元 1871 ～ 1932 年），比利時心理學家和教育學家。

的觀察方法，促進了教育科學從純科學的領域朝學校實驗領域邁進。雖然杜威[14]、克拉帕雷德[15]和德可羅利這些人都創立了學校，還發明了精確的教育技術，他們也是心理學界的名人，但是蒙特梭利夫人是一位醫生，基本都在研究醫學心理學，還有對變態兒童進行嚴格的人類學研究，剛剛觸及到實驗心理學。在他的長期職業生活達到巔峰之前，凱興斯泰納[16]都不曾接觸過心理學。在我們的每位主要革新者的案例裡面，無論在兒童心理學和他們的基本教育觀點之間存在怎樣的關聯，都有一點是毋庸置疑的，現代發生心理學這個偉大的潮流，是新方法的泉源所在。

事實上，當代心理學之所以從 19 世紀的心理學中分化出來，正是因為它的觀點發生了劇烈的變化。

19 世紀的心理學，第一個強調的是接受與儲藏的功能，試圖用根本上靜止的成分來對整個的心理生活進行解釋。在它積極的形式下面，在試圖科學的論述的過程中，它也暴露了本身是機械的。它的各個方面，尤其是它進化論和發生學上的觀點，都是聯想主義的，企圖將智力的活動歸結成是很多無自動力的心理原子（感覺和意象）的結合，並試圖在固有的兩極的

---

14 杜威（John Dewey，西元 1859 ～ 1952 年），美國著名哲學家、教育家、心理學家，與查爾斯·桑德斯·皮爾士（Charles Sanders Peirce）、威廉·詹姆士（William James）一起被認為是美國實用主義哲學的重要代表人物，也被視為是現代教育學的創始人之一、機能主義心理學派的創始人之一。

15 克拉帕雷德（Edouard Claparede，西元 1873 ～ 1940 年），瑞士精神病學家、兒童心理學家和教育學家，兒童心理學領域的先驅。

16 凱興斯泰納（Georg Kerschensteiner，西元 1854 ～ 1932 年），德國教育家。

結合（習慣和聯想）裡發現心理運算的模式。它的哲學形式方面的情況也沒有好一點。它局限在固有官能的觀點裡面，對其沒有經驗論解釋的缺點進行彌補。只有美因‧德‧畢朗值得擁有一個獨特的地位，不過他的失敗，還有他一直到現在才被發現這一事實，就可以讓我們對整個判斷加以肯定。

　　另外，20 世紀的心理學最初在各個方面就是在肯定和分析活動。在美國有杜威、詹姆士[17]和鮑德溫[18]，在法國有柏格森[19]以及發表了《智力心理學》後的比奈[20]，發表了《自動論》後的讓內[21]，在德國有符茲堡學派[22]，在瑞士有克拉帕雷德和佛洛諾

---

17 詹姆士（William James，西元 1842 ～ 1910 年），美國哲學家、心理學家。他的弟弟亨利‧詹姆士是著名作家。他和查理斯‧桑德斯‧皮爾士一起建立了實用主義。威廉‧詹姆士是十九世紀後半期的頂尖思想家，也是美國歷史上最富影響力的哲學家之一，被譽為「美國心理學之父」。

18 鮑德溫（James Mark Baldwin，西元 1861 ～ 1934 年），美國哲學家和心理學家，在普林斯頓大學師從於蘇格蘭哲學家詹姆士‧麥考什（James Mc-Cosh），並成為該大學心理學系的創始人之一。他為早期心理學、精神病學和進化論做出了重要貢獻。

19 柏格森（Henri Bergson，西元 1859 ～ 1941 年），法國哲學家，以優美的文筆和具豐富吸引力的思想著稱。1928 年，獲得 1927 年度的諾貝爾文學獎。

20 比奈（Alfred Binet，西元 1857 ～ 1911 年），法國心理學家，智力測驗的發明者。

21 讓內（Pierre Janet，西元 1859 ～ 1947 年），法國心理學家、哲學家、精神病學家。

22 符茲堡學派，20 世紀初，在德國符茲堡大學由 O. 屈爾佩（Oswald Külpe）領導的、對思維、判斷和意志等高級心理現象進行實驗研究的學派。符茲堡學派發現在進行重量判斷過程中感覺和意象不起作用。被試不知道怎樣回憶這個判斷（哪一個重些或是輕些）。這種發現與以往思維的研究相矛盾。這就是說，在判斷時，思維不能表現為感覺或是意象，是非直觀的

和 [23]，在很多地方都發現了這樣一個觀點：心理生活是一個動力的現實。智力是一種真實的、具有建設性的活動，意志與人格是一種頑強的、持續不斷的創造。

新方法是如何誕生的

新的教育方法就是在這種氣氛中誕生的。這些方法並非某個單個的人的作品，也非從某種特殊的研究裡利用推理而得出的一種兒童發展的心理教育學，它是建立在很多同時出現的方面上的，無法避免的東西。

因為大眾對個性的看法有了普遍的改變，思想開放的人也被迫用另一種方式來看待兒童期，再也沒有偏見（盧梭就是這樣），主張人是善良的和自然是天真無邪的。不過，因為歷史上這個新穎的事實，科學和通常正直的人們最後獲得了一種適合於對意識的發展，尤其是兒童心理的發展進行解釋的方法和思想系統。只有這個時候，每一位偉大的教育革新家所夢想的那種能夠引進學校，並讓其能遵循心理成長的內在過程在學生裡開花結果的、真正的活動，才成為一種可以理解的概念，一種可以客觀分析的現實。所以，這些新方法和兒童心理學是同時形成的，而且這個形成的過程，又是和兒童心理學的進展密

意識內容。這樣，就產生了「無意象思維」問題的研究。1907 年前後，符茲堡學派認為思維的內容有非感覺、非意象的因素。而構造派馮特（Wilhelm Wundt）和 E.B. 鐵欽納（Edward Bradford Titchener）則堅持沒有。這就是有名的對無意象思維問題的爭論。

23 佛洛諾和（Théodore Flournoy，西元 1854 ～ 1920 年），瑞士心理學家，日內瓦大學教授。

不可分的。這一點很好證明。

在美國，對 19 世紀心理學的這種靜止狀態進行反對，透過兩種方式表現了出來：一種是，持實用主義人們用研究將動作在所有心理運算的構成中，尤其是在思維的構成中發揮的作用揭示了出來；另一種是，心理發展的科學或者說發生心理學，特別是在霍爾和鮑德溫的研究裡獲得了拓展。而在杜威的研究中，這兩種傾向明確的互相產生了影響，因為西元 1896 年杜威就創立了一所實驗學校，學生們在這裡的工作中心，都是每個年齡特有的興趣或需求。

也是在這一時期，人類學家塞吉 [24] 想透過研究兒童來對教育學進行改革。蒙特梭利也受到了他的影響，在義大利從事後進兒童的教育工作，對這些後進學生進行專心的分析。當她知道了這些兒童的情況並非屬於醫學性質，而是心理學性質的時候，也就明白了她所面臨的最核心的問題，是同時屬於智力發展和兒童教育方面的。在她將其發現給出了出色的概括後，就馬上將她教給低能者的東西應用在正常的兒童那裡：在最初的階段，和思維相比，兒童更多的是透過動作來進行學習的。合適的學校設備可以為這種動作提供原料，比最好的書本乃至語言本身都更能增進兒童的知識。所以，一個精神病醫生的助手仔細的觀察智力落後兒童的心理機制，就成了一般方法的出發點，而這種方法對整個世界的影響是無法估量的。

但是，還有一位醫生對心理學問題也是十分的熟悉。在同

---

24 塞吉（Giuseppe Sergi，西元 1841 ~ 1936 年），義大利人類學家，他的地中海人種概念是二十世紀初重要的種族理論。

期的布魯塞爾，他也對兒童進行研究，也因此得出了一整套教育學理論。事實上，德可羅利和閱讀、算術等相關的那著名的整體學習方法，還有他和興趣中心的主動工作相關的一般理論，都得自於他對落後兒童的心理分析。這種方法由杜威、蒙特梭利和德可羅利同時發現，這種是最有趣的事情了。由此可見，根據興趣選擇從事的工作，還有利用活動來對思維進行訓練的觀點，早在 19 世紀末期的整個心理學（特別是生物心理學）裡就開始萌芽了。

別的地方的情況雖然相對複雜一些，不過如果從心理學思想帶來的影響這個角度出發，一樣也是十分清晰的。在德語國家裡，活動學校很容易在很多職業訓練學校裡產生，這種學校對人們的習慣進行訓練，理論教學以手工勞動和實踐性研究作為必要的補充。然而，那個和活動學校並不存在直接關係的階段，要怎樣才能過渡到將自由活動作為教育核心的這個決定性階段呢？顯而易見，如果手工勞動只有教師的指導，而沒有激發學生本人自發的探索，那麼這種手工勞動就算不上主動的，而且活動，也就是建立在興趣上的努力，即使是在嬰兒的時候，就既可能是實踐性的和手工性質的，也可能是反射的或者純直覺的。所以，德國學校裡的手工實踐對活動方法的發現雖然可能會產生促進的作用，但是它離說明這種發現還有很遠。

這種過渡的，首先發生在凱興斯泰納的工作當中。西元 1895 年，當凱興斯泰納還是一位年輕的理科教師時，就致力於對教育理論的研究，為慕尼黑的學校改組做好準備。他將所有德國心理學，尤其是兒童心理學（他親自對幾千個巴伐利亞兒

童的圖畫進行研究，研究結果在 1906 年出版）的研究工作利用起來，確立了自己的中心思想：發展學生的自發性，這是學校的目的所在。這就是他的「活動學校」，有人將它譯成法文時，譯成了活動學校的思想。另外人們只要去看一看梅伊曼[25]、拉伊[26]和麥斯麥[27]的著作，就會深信和在別的地方一樣，新方法在德國的發展也是和心理學密可不分的；探索兒童的發展、研究視為動作的意志與思維、分析知覺，德國的革新家們曾經利用了所有的這一切。

　　但是，將遊戲作為一種準備性的練習，從而凸顯其在機能上的重要性，格魯斯[28]這個著名的學說第一次應用在教育上，是在瑞士。人們明白了格魯斯理論在教育上的重要性，實際首先要對克拉帕雷德表示感謝，在最早的工作裡，他就開始對聯想主義表示反對了，還為動力的與機能的主張進行辯護。正是因為懂得了這一點，日內瓦的幼兒之家才讓教學方法與教育遊戲進一步發展，同時也是因為懂得了這一點（盧梭研究所建立

---

25 梅伊曼（Ernst Meumann，西元 1862 ～ 1915 年），德國實驗心理學家，也是德國教育心理學和實驗教育學的創始人。

26 拉伊（Wilhelm August Lay，西元 1862 ～ 1926 年），德國教育家。德國「實驗教育學」奠基人之一；國際上「實驗教育學」的主要代表人物之一。實驗教育學運用自然科學的典範研究教育現象。在教育學的歷史發展過程中，實驗教育學對教育理論和實踐、對教育研究產生了自己的影響。拉伊在其中發揮了重要的作用。

27 麥斯麥（Franz Friedrich Anton Mesmer，西元 1734 ～ 1815 年），德國心理學家、催眠術科學的奠基人。

28 格魯斯（Karl Groos，西元 1861 ～ 1946 年），德國哲學家、心理學家、教育家。

的之前和之後），才在克拉帕雷德的領導下，展開了一種同時對兒童和教育技術進行研究的活動：教師應當向兒童學習。這就是這個由他創建的機構的座右銘。

最後，如果不對比奈的工作的重大重要性進行一下回顧，這一段概述是不可能結束的，要知道他的工作，是 20 世紀早期的兒童心理學家中最富於創造性的。

雖然他在法國並沒有發起過一次當地的和典型的教育運動（也許是因為他不想親自進行教學），但他的研究工作，已經產生了最為深遠的影響，直接的或是間接的。尤其是他在編製智力測驗方面所獲得的實際成就，已經引發了無數和心理發展與個人才能有關的研究工作，雖然這些測驗的結果和所預期的並不一樣，但是由它們所引起的問題，都具有開始使用它們時所沒有預見到的廣泛興趣。也許我們有一天會發現一些好的測驗，要不然智力測驗將會作為一個大錯特錯的典型載入史冊。不過除了這些測驗，比奈的智力說，還有《關於兒童的現代觀點》一書，也對新教育貢獻很大。

二、教育原理與心理學的論據

教育就是讓個人對周圍的社會環境適應。但是，新方法透過對兒童期固有的傾向，還有心理發展必然具有的自發活動加以利用，力圖推進這種適應，而這樣做就意味著讓社會由此更

加豐富起來。因此，只從它的方法及應用方面著手，是無法理解新教育的，除非至少從四個方面注意，對它的原理進行細膩的分析，並對這些原理在心理學上的價值進行審視：兒童期的意義、兒童思維的結構和發展的規律，還有幼兒社會生活的機制。

　　傳統的學校將它的工作強加在學生身上，學校「促使學生工作」。毋庸置疑的，面對這樣的工作，兒童產生多少興趣，並為此付出多少努力，他是可以完全隨意的。所以只要教師是優秀的，教師與學生之間就會產生合作，這樣就會為真正的活動提供空間。然而在這個體系的邏輯裡面，學生的智力活動還有道德活動從來都是為外界所支配的，因為這種活動和教師持續的限制是分不開的，即使學生覺察不到這種限制，或者自願接受了這種限制。和這個相反的是，新式的學校，是建立在個人的需求與興趣上的、真正的活動和自發的工作。克拉帕雷德說得特別好，這樣的思想並不意味著活動教育要求兒童做他想要做的事情。「它首先要讓兒童願意做他所做的事情；他們活動，他們並不是被動的。」需求和作為需求結果的興趣，「是將反應變成真正動作的因素」。所以，興趣的規律是「整個體系隨之運轉的獨一無二的軸心」。

　　這樣一個觀點非常明確的說明了兒童期及其活動具有的重要性。這是因為，再重複一下杜威和克拉帕雷德的話說就是，強迫的工作是一種反常的活動，是違反心理學的，而任何一項產生了成果的活動，都是以一種興趣作為前提條件的。這裡我們好像在冒險，彷彿只是在重複那些偉大的經典教育家們經常

肯定的東西；另外，如果認為兒童是可以從事持久的工作的，那麼我們所要求的，正是我們想要證明的東西。兒童期可以進行最高形式的成人自身的行為所特有的那種活動 —— 從自發的需求出發，進行持續的探索活動嗎？這就是新教育的核心問題。

克拉帕雷德的一個果斷的意見，對我們將這個問題弄清楚是有幫助的。如果我們將思維的結構與心理的運行看作一個方面（換句話說，從心理學的角度看，是所有符合有機體的器官與解剖的東西），而將它們的機能看作另一方面（換句話說，所有符合生理學所研究的機能關係的東西），而要區分一下這兩者，那麼我們可以說，傳統的教育學曾將和成人完全一樣的心理結構賦予兒童，但有一種不一樣的機能，也就是「它非常自然的將兒童視為⋯⋯能夠掌握所有擁有明確邏輯的東西，或者能夠理解某些道德法則具有的深刻意義；然後同時又認為兒童在機能上和成人是不一樣的。這樣的意思就是，成人的行動得有一個理由或者動機；兒童的工作則可以沒有動機，可以強制獲得最不一致的知識，任何工作都可以做，只是因為這是學校要求他做的，而不是因為這種工作是可以將來自兒童本身或生活的需求滿足的」。

但是，真相正好相反。兒童擁有和承認不一樣的智力、道德結構；結果，新的教育方法努力分析兒童的心理結構還有它發展的各個階段，用能夠為不一樣年齡的兒童所能同化的形式，將教材教給兒童。至於心理的機能，兒童和成人實際是完全一樣的；他們和成人一樣，是能動的動物，興趣和需求的規

律支配著他們的動作，如果不依靠這種活動的自動的動力，這種行動就無法將它的作用充分的發揮出來。就像蝌蚪早已經在呼吸了，雖然牠的器官和青蛙的器官不一樣，同樣的道理，兒童也在像成人一樣在動作，只不過他們裡面的心理結構，是隨著心理發展階段的不同而有所不同的。

那麼，兒童期是什麼呢？面對這些既像我們而同時又不像我們的兒童，我們怎麼樣才能讓我們的教育方法適合他們呢？新學校理論家們認為，兒童期並非一種缺點，在從生物學的角度來看，這個階段也是有用的，它的意義在於漸進的對自然環境和社會環境適應。

但是，適應是一種平衡狀態，位於同化與順應這兩個不可分離的機制當中，在整個兒童期和青少年期之後這種平衡狀態才得以完成，它還對與這些生存時期相適應的結構的組成進行了規定。比如我們說，當有機體可以利用同化從外在環境獲得的營養來維持自身的結構，並且它的結構在面對那個環境所具有的各種不同的特點時也順應得很好時，我們就能說，這個有機體已經非常好的適應它的環境了。我們同樣可以說，當思維成功的將現實同化進它自身的結構裡，與此同時，這個結構又可以順應現實中新出現的環境時，思維就是已經適應特定的現實了。所以智力的適應，就是在將經驗同化進推論的結構裡，和讓這些結構順應於經驗的論據當中實現平衡的過程。通常來說，適應的條件是主體與客體之間的一種交互作用，所以主體可以吸收客體到自己的結構中，同時又沒有忽略客體的特點；同化和順應的作用越是分化，越是互相補充，適應就會越

徹底。

　　所以，兒童期的特點是：它必須要從主體與客體的混沌不分化狀態開始，透過一系列獨特的行為或練習和不斷構成結構的活動來實現這種平衡的狀態。實際上，兒童在心理發展的最初，就為兩種擁有相反方向的傾向牽引著，當這兩種傾向還沒有達到平衡時，它們相互之間並不協調，也沒有得到充分的分化。一方面，兒童得讓他們的感覺運動的或智力的器官和外在現實相順應，和事物的種種特性相適應，這一切兒童都得進行學習。當這個持續的順應過程 —— 主體的運動足以作用在客體的特徵上時，就會擴展成模仿，也就構成了兒童動作最初的需求。然而從另一方面來說，為了讓活動和事物的特性相順應，兒童就得將它們同化，而且從真實的意義來說，兒童一定要將自己結合在事物裡面。除了新學校的實踐家和理論家以外，一般人很少理解這個事實。開始心理活動時，兒童並沒有對東西產生興趣，除非它們可以激起兒童的活動，而這個繼續將外在世界同化進自我的過程，雖然在方向上順應正相反，但是在最早的階段，是和順應的過程融合在一起的，以致兒童最初在他的活動和外在現實當中，在主體與客體當中無法建立什麼明顯的界限。

　　不管它們看起來理論性多麼強，對學校來說，這些想法都是根本性的。同化作用最純粹的形式，即它還沒有實現和順應於現實的過程的平衡時，其實就是遊戲，這種幼兒特有活動中的一種活動；這種遊戲活動已經被運用到了教育幼兒的新方法裡。如果我們不連結上遊戲和兒童的整個心理生活及其在智力

上的應用，來闡述這種功能的重要性，那麼，就無法解釋為什麼要在教育方法中要運用遊戲。

遊戲

遊戲是一個典型的為傳統學校忽視的行為事例，因為在功能上，遊戲好像並沒有什麼意義。遊戲對於現在的教育學來說，不過是一種娛樂，或者發洩過剩的精力的一種方式。但是，這種有些過於簡單的觀點，並不能對幼年兒童賦予他們的遊戲的重要性給予解釋，特別不能對兒童遊戲所具有的不變的形式給予解釋，比如遊戲的象徵性與虛構性。

格魯斯在對動物的遊戲進行了研究後，對遊戲格魯斯得出了一個完全不一樣的想法。這個想法認為遊戲是一種有益於有機體身體的發展有益的準備練習。和動物的遊戲是在對牠的精確本能，比如戰鬥或獵捕的連結一樣，兒童在做遊戲的時候，也是在培養自己的知覺、智力、社會本能、還有要進行試驗的傾向等等。這就是為什麼遊戲是幼兒學習中一個如此強有力的槓桿，所以在人們可以將向兒童傳授閱讀、算術或拼法的基礎知識的過程，成功的轉變成為遊戲時，人們就會看見，通常都被視為勞役的這些工作，兒童都變得十分熱衷了。

但是格魯斯的解釋不過是一種機能上的簡單描述，只有同化這個概念加強了這種解釋時，這種解釋才充分的獲得了它的意義。比如在頭一年裡兒童出現了適應行為，他們在這種行為裡力圖把他們看見的東西抓住，再進行搖晃、抖動、摩擦等等。此外，我們還非常輕鬆就可以觀察到一些簡單練習的行

為，這些行為的特徵是兒童對活動的對象任何興趣都沒有，不過是將它們作為功能糧食，同化到這種活動形式本身裡面。我們應該在這種情況去尋找遊戲的起點，也就是在這樣的情況下，行為是透過發生作用 —— 這和功能上的同化作用的普遍法則是相同的，而對兒童來說，這種行為所涉及的客體只是對這種練習有利，除此之外就沒有別的意義了。遊戲在兒童的感覺運動的根源上，只是單純的將現實同化進入自我裡面。對於這一點的理解，需要從兩種意義上來進行：一種是生物學的意義，這是一種功能上的同化，說明器官和行為的確在這些遊戲的練習中獲得了發展；而另一種是心理學的意義，事物被它吸收到活動本身裡面去了。

至於高階的遊戲還有象徵性的想像遊戲，格魯斯無疑就無法給出解釋了，原因是虛構遠遠不是某些特殊本能的事先練習。玩玩偶娃娃不僅對發展母性本能有利，而且還將兒童曾經體驗過但還沒有進行同化的整個現實系統的再現了出來，因此可以根據需求來讓它們發生變化，讓其重新出現。在這方面，仍然可以將象徵性的遊戲解釋為將現實同化於自我。這是純粹形式下的個人的思維。在內容上，它是自我的開展和欲望的實現，和社會化的理性思維是不一樣的，社會化的理性思維讓自我學會適應現實，並將共同的真理表達出來；在結構上，遊戲中用到的符號對於個人就和言語標誌對於社會是相同的。

所以，從兩種主要的形式 —— 感覺運動練習還有符號來看，遊戲是將現實同化於活動本身，將必需的糧食提供給活動，並根據自我的多種需求，對現實進行著改變。這就是為什

麼幼兒教育的活動要為兒童提供適當的設備，所以，兒童就能夠在遊戲裡將這些理智現實同化。如果缺乏這些設備，它們就處在幼兒智力之外了。

雖然對於適應來講同化是必要的，但是它不過構成適應的方面之一。兒童期應該實現的完全適應，乃是在同化與順應之間持續綜合的過程裡得到的實現。這就是為什麼幼兒的遊戲在其自身內在的發展過程裡會漸漸轉變為適應的建構，這種適應的建構對實際工作會提出日益增多的要求，所以在活動學校的幼兒班裡面，我們能夠觀察到，遊戲和工作之間，在以多種多樣方式在自發的交替進行。然而，從兒童生存的最開始幾個月開始，同化和順應之間的綜合，通常都利用了智力本身的作用，而智力的綜合工作，是在隨著年齡的增長而逐漸增加，而且我們現在可以充分的強調智力真實活動了，因為新教育就是以這個概念為基礎的。

智力

經典心理學將智力視為是一種一次就具有的、可以認知現實的能力，或者是一種在物體的強制下得到的機械的聯想系統。我們已經提到了，從這裡，舊教育學強調接受與充實記憶的重要性。而與此相反的是，目前最先進的實驗心理學意識到一種超越了聯想好習慣的、具有真正活動的智力的存在，而不只是一種認知的能力。

有些人（克拉帕雷德）認為，這種活動是由嘗試與錯誤組成，最初是實踐性的、和外在的，接下來內化而形成一種假設

的心理建構和一種由再現本身引導的探究活動。還有的人（苛勒等人）認為，這種活動裡面存在一種知覺場的持續重新組織，以及一種創造性的結構活動。不過這些心理學家也就此達成了共識：一開始，智力是實踐性質的或者是感覺運動性質的，接下來會逐漸內化成為嚴格意義上的思維，並且也都意識到了智力活動的過程，是一個持續建構的過程。

研究 1 歲兒童的智力起源結果顯示，智力發揮作用，既不是透過嘗試錯誤的方式，也不是透過內部生長的純結構化的方式，而是一種結構化的活動，這種活動不僅包含了主體的加工形式，也將這種形式和經驗材料不斷協調的作用包括其中。換句話說，智力是一種適應，最高形式的適應，是一種處在將外物持續同化進活動本身和將這種同化圖式和事物本身相適應之間的平衡狀態。

所以，兒童在實踐智力的階段上並不理解如空間關係、因果關係等等這些現象，除非這些現象被同化進了他們運動性的活動裡面，但是反過來又將這些同化的圖式和外在事實的細節相適應。同樣的是，在兒童思維的初期階段，我們經常可以看到將事物同化於主體的動作，同時又在將這些圖式系統的和他們的經驗相順應。就這樣，隨著同化和順應結合得越來越密切在一起，同化就被歸結為推理活動本身，而順應則被歸結為實驗活動。這兩者的結合，就變成了在推理與經驗中間不可分割的關係了，這是理性所特有的。

按照這種觀點，幼兒智力和成人智力一樣，無法單純的以接受的教育方法進行處理。任何的智力都是一種適應，任何一

種適應都意味著將事物同化進心理裡，相輔相成的順應過程也是一樣的道理。因此，一切智力的工作都是要以一種興趣為基礎的。

事實是，興趣乃是同化作用的動力方面。就像杜威非常深刻的剖析的那樣，在自我和觀念或者對象合為一體的時候，在觀念或對象被自我當作表達的手段，又變成了激起自我活動不可或缺的因素時，真正的興趣就出現了。活動學校在要求學生的努力不應該源自外力強迫，而應該源自學生自身時，要求學生的智力不應該用在接受外來現成的知識，而是應該用在真正的活動上時，這不過是在要求對整個智力的規律予以尊重。甚至對成人來說，智力無法充分的發揮作用，無法為整個個性提供努力的機會，除非對象沒有停留在外表面，而是已經同化於個性。對兒童來說這一點是更為真實的，因為在兒童那裡，同化於自我的過程並不是一開始就和順應於事物處在平衡的狀態，隨著嚴格意義上的適應，還需要一個連續的、練習遊戲的過程。

因此，興趣規律支配著成人智力的作用，更不必說兒童的了。兒童的興趣並非和我們是一樣協調統一的，所以和我們比較起來，就更不可能將工作從外邊強加於心理了。克拉帕雷德因此提出了功能上自主的規律，即「在發展的每時每刻，動物在功能上構成了一個整體，即牠的反應能量和牠的需要是相適應的」（《功能教育》）。

就像我們已經看到的，雖然在每個年齡階段心理的功能作用都是相同的，但是特殊的心理結構是存在變化的。心理實在

也和有機體一樣，擁有恆常不變的基本功能，但是可以是由不同的器官來實現這些功能。而且，雖然新教育對我們提出了這樣的要求：從兒童工作的功能條件的觀點出發，將兒童視為一個自主的人，但是它還有另外一個要求：我們應該從結構的觀點出發，來對兒童的心理進行考察。這便是新教育的第二個令人矚目的創見。

事實上傳統的教育理論總是將兒童視為小大人，以為他們和我們大人一樣在推理，擁有一樣的情感，不過是缺乏知識和經驗而已。所以既然兒童不過是無知的成人，那麼教育工作者的任務就只是灌輸知識，而不是培養思維，從外邊提供的材料足夠訓練心智了。然而當我們將前提定位結構是變化不同的時，問題就大不一樣了。如果兒童的思維在性質上就和成人的是不一樣的，教育工作者的主要任務，就是要培養兒童智力的和道德的推理能力。而且既然那種力量無法在外邊形成，那麼問題就變成了，找到幫助兒童自己構成自己的力量的最合適的環境與方法。換句話說，在智力上實現協調與客觀，而在道德上實現互利。

因此，對於新學校來說，對兒童思維的結構還有兒童與成人心智之間的關係有所了解是至關重要的。關於兒童心理學的特殊的論點，關於兒童與成人在結構上的不同，任何一位活動學校的創始人都有過整體直覺或正確的知識。盧梭曾對每個年齡都有它獨特的思維方式予以肯定，不過他的這個概念並沒有變成肯定的理論，直到 20 世紀的心理學因為對兒童本身的研究，部分也是因為比較心理學與社會學的一些觀點，才成為一

種肯定的理論。所以在美國，一方面因為霍爾和他的學派，另一方面因為杜威和他的合作者（如金等人）研究的結果，鮑德溫這位深刻理論家的「發生邏輯學」的綱要才得以建立（遺憾的是以一種算不上充足的實驗的方式進行的）。目前，這門學科的這個觀點本身的意義就很有價值，它表現不同於 19 世紀實證主義者與唯理論者的信念，我們已經習慣了認為：理性經過了它的結構自身的發展，它在兒童期經歷的這個過程，是一個建構的過程，一個真正的建構過程。在歐洲，德可羅利和克拉帕雷德對兒童知覺的研究，斯騰[29]對幼兒語言的研究，格魯斯對遊戲的研究，還有其他對某些原始心理進行的著名研究，以及從佛洛伊德分析象徵思維的理論裡衍生出來的理論，最後都得出了類似的觀點。而且我認為在這裡簡要的討論這個問題很有必要，因為它對判斷新教育方法影響很大。

成人邏輯，兒童邏輯

　　就智育來說，兒童邏輯的問題就是關鍵問題。

　　如果兒童擁有和我們一樣的推理方式，那麼傳統學校教育兒童用向成人講課的方法就是對的了。然而我們只需要逐個年齡的對小學教算術或幾何的結果進行分析，一下就能看到成人的理論（即使是基本的）和十一、二歲以下兒童對它的理解之間，實在是差別極大。

　　我第一個要強調的差別，是和真知或反省有關的智力，和

---

29 斯騰（Daniel N. Stern，1934 ～ 2012 年），瑞士神經病專家、心理分析理論家。

實踐的、感覺運動的智力之間的關係上的差別，光是這個差別就足以證明活動學校的努力不是沒有道理的。當心理發展的水準足夠高時，人們就將實踐視為是在應用理論。所以長時間以來，我們的工業已經超越了經驗的階段，每天都在從科學的應用中獲得收益。同樣，對於正常的個人來說，解決實踐中的智力問題，要麼是來自於理論的清晰再現，要麼是來自對經驗的探索，而在這個探索過程裡，不斷發現過去有過的思考認知的影響是不難的。這就是為什麼傳統教學較傾向於理論原則，如教兒童語法在練習說話之前，教計算規則在解答問題之前等等。

但是，嬰兒在一切語言以前，也就是在有一切概念的或反省的思維以前，就已經發展出了一種感覺運動的或實踐的智力，它可以在征服現實的道路上獨自往前行進，以致構成了和空間與客體、因果與時間相關的主要部分，可見其走得如此之遠。總而言之，它已經能夠在動作的水準上，構成一個堅實、連貫的整體宇宙。甚至到了學齡時期的兒童，還能夠發現概念智力的基礎之一就是實踐智力，而且看起來這種實踐智力的機制是獨立於概念智力的，而且還徹底是原始的。

我們現在還沒有弄清楚這兩類智力之間關係的細節，不過可以肯定的說，實踐智力對於幼兒來說是先於反省智力的，反省智力在很大的程度上是有意識的去掌握實踐智力獲得的結果的。我們至少可以斷定，如果反省智力的建構基礎不是實踐智力，它就無法在其自身的符號和概念的水準上創造出新的東西來。

　　比如在兒童自發的物理領域裡面，兒童在能對現象進行解釋之前，就可以預測它們的到來（在還沒有掌握因果關係時，兒童就可以利用實踐智力發現了規律的存在，這一定會導致反省智力），不過逐漸的意識到為這種預測進行指導的動機才是正確的解釋。

　　總而言之，我們因此發現，兒童的實踐適應並非是應用概念認知，而是相反，是認識自身第一個階段，並且是以後所有反省認知的必要條件。

　　這就是在算術與幾何學這類抽象學科的教學中，教育兒童的活動方法為什麼比別其他方法更成功的道理。可以說，當兒童對數目和平面有思維上的認知之前，事先已經玩弄過這些數目和平面時，兒童後來從這些玩弄過的數目和平面中獲得的概念，乃是真正意識到已經熟悉的動作圖式，而非是像一般的方法那樣，來自一種口頭的概念，或者再加上一些形式上的練習。那既是無趣的，又缺乏經過經驗的基礎。因此，實踐智力是活動教育在心理學上主要的理論依據之一。

　　但是出於避免出現誤解的目的，我們應該附帶指出一點，這裡用到的「活動」一詞的意義是比較特殊的。就像克拉帕雷德說過的那樣，「活動」一詞的含義是含糊不清的，它既能夠從功能的意義來說，指的是建立在興趣上的行為，也能夠從執行的意義上來說，指的是某種外在的運動性質的操作。但是活動作為各級活動學校的特徵，是屬於第一種活動（因為在第一種意義的概念裡，即使是在純思維裡一個人也在活動），而只有在嬰兒時期第二種活動才是特別必要的，但是隨著年齡的增

長，它的重要性越來越低。

但是，兒童思維和我們成人思維在結構上的差別，遠不只實踐的或感覺運動的智力和反省的智力之間的這種關係的反向這麼一點。在概念的領域裡面，從教育實踐的意義來講，還有幾個顯著特點是同等重要的，值得我們注意。在思維的邏輯結構裡面，這些特點的主要方面至少有三個：形式的原理、類或概念的結構、關係的結構。

就這三方面來說，我們的討論可以從一個觀察到的事實開始，也就是在 10 歲或 11 歲以前，兒童任何類型的形式推理都是不可能出現的，即推理是不可以只根據假定的論據，而不根據觀察到的事實進行。

例如對於一般的數學問題，經常會讓兒童感到的困難之一就是，堅持問題的各個項目，而不去求助於個人經驗的具體記憶。通常來說，10 歲以前的兒童，是無法理解數學真理的假言演繹還有非經驗的性質的。另外，令人驚訝的是在這個領域內，經典的教育學卻將一種希臘人在算術與幾何領域、經過幾百年偉大的爭鬥所達到的推理方式，強加在了學生的身上。另外，我們分析純粹語言推理的結果也可以證明，10 歲或 11 歲以前的兒童在形式推理上也會遇到同樣的困難。所以，我們似乎捫心自問的理由，兒童是不是只是缺乏和我們一樣的同一性原則、非矛盾的原則、演繹的原則等等，並像研究者在未開化民族進行研究時那樣，向他的研究對象提出一樣的問題。

我們回答這個問題，似乎應該要考慮一下上面說的這些功能和結構之間的區別。毋庸置疑的是，從功能的角度來看，兒

童已經在力求達到一致性。所有的思維都是這樣的情況，況且和我們的一樣，兒童的思維也是在服從一樣的功能的規律。然而兒童所滿意的思維一致的形式和我們的並不相同 —— 如果是和那種特殊結構所必需的相關的明確概念，那麼思維就在形式上具有一致性，而我們可以說這一方面它不是一蹴而就的。從我們的視角來看，兒童通常用的推理方式是自相矛盾的。

這就引導我們對兒童的類或概念的系統進行分析了。為了達到對學生產生作用的目的，傳統教育利用的基本只有語言，這就是說，兒童構成概念的方式和我們一樣，所以在教師和學生的概念中間，一種詞對詞的對應現象就產生了。但是，這種可悲的教學現實，這種咬文嚼字 —— 這種一連串的字詞鬆懈的連接在一起的、並沒有真實意義的假概念的增加，就足以顯示這種方法想要奏效，那將是非常困難的，而且這也成為活動學校批評被動接受的學校的主要原因之一。

這種事情很好理解。成人透過理智的語言將概念表達出來，而且是由口頭敘述和辯論的專家制定的。這種構成了心理工具的概念，主要用在兩個方面，一是將已經獲得的知識整理成體系，一是用來對個人之間的交際和思想交流產生促進的作用。但是在兒童時期，和反省智力相比，實踐智力仍然是占據極大的優勢的，探究活動超過已經形成的知識，況且特別是兒童的思想是長時期不能交際的，和我們的那社會化的思想是無法相比的。因此，從兒童的角度來說，兒童的概念的起源對感覺運動圖式十分依賴，而且將在很長的時間裡為這種將現實同化於自我的過程，而不是社會化的思想的推論規則所支配。所

以，概念的形成是因為合併式的同化作用，而非邏輯的概括。如果我們試圖要求不到 10 歲或 11 歲的兒童進行這種被邏輯學家稱為邏輯的、由加法和乘法的概念組成的運算，我們將會看到，他們將會困難重重。另一方面，我們分析兒童的言語理解的結果，也顯示出了那種整體與綜合的合併過程，這個德可羅利和克拉帕雷德在知覺領域內也同樣觀察到了。總而言之，兒童長期不了解界限清楚的概念的等級系統，還有明確的包含和選擇的關係。因為這是一種不存在概括和真正必然性的、不存在規律的演繹，因此兒童無法一下子就在形式與推理上達到協調，這被斯騰稱為轉導推理。

至於被邏輯學家稱為「關係邏輯」的，在這個方面上，兒童的思維和形式推理的差別就更大了。

據我們所了解的除了敘述判斷外，還有一些判斷，它們之間所包括的各項，並非相互包含的關係，和概念系統相比，這種關係系統要更根本一些，原因是關係系統是用來組成概念系統的。

但是就兒童來說，關係在發生的順序上看起來是相對原始的，早在感覺運動階段，關係就發揮作用了，但是在反省智力階段，有一段很長的時間，是很難對這些關係加以運用的。事實是個人思維最初是以他自己的觀點來對所有事物進行判斷的 —— 最初是將後來認知為相對的東西視為具有絕對的特徵。把三個外形一樣的盒子拿給幾個幼兒，其中第一個比第二個輕，比第三個重，然後問他們哪個盒子最重。兒童一般都是這樣進行推理的：前兩個都是輕的，而第一個和第三個是重的，

因此第二個最輕，第三個最重。

　　和我們的思維一樣，兒童的思維在發揮著作用，並表現出一致性、解釋、歸類、關係上的排列等這些同樣特殊的功能，但是對這些功能進行執行的特殊邏輯結構，是能夠進行發展和變化的。因此在新學校的實踐家和理論家看來，按照和成人思維不一樣的規律，將教材教給兒童是有必要的，成人的推論與分析的思維總在對規律清楚與簡單進行推敲。我們的案例有很多，尤其在德可羅利的方法中，這種方法是建立在概括或混合的概念上的。

智力發展的階段

　　這裡提出一個關於心理發展的機制本身的、根本的問題。我們假設兒童思維的結構變化，是按照一種連續的、不變的順序和不變的年齡順序來的，每個階段在確定的時刻來到，在兒童的生活裡占據了一個明確的時期。總而言之，個體思維的發展可以和服從嚴格的遺傳規律的胚胎發展進行比較。這在教育上的後果是無法估算的。教師試圖讓學生的發展加速，這樣做只是在浪費時間還有精力。問題只在於發現和每個階段相符合的知識，並使用相關階段的心理結構所可以同化的方式教給學生。

　　反過來，如果推理作用的發展只是依靠個體的經驗，還有自然環境與社會環境所施加的影響，那麼學校雖然還是要考慮意識最開始的結構，但是可以很好的加速這種發展，讓這些階段變短，讓兒童在盡可能短的時間裡變為成人。

關於心理發展的機制有過很多種意見，不過所有的意見都沒有在教育上得到長時間的應用。這裡面的原因顯然是學校生活是一個系統的實驗，它讓人們有對環境對心理成長的影響進行研究的可能，從而也就有將過於輕率的解釋拋棄的可能。

比如有人曾經提出這樣的觀點，兒童的心理發展由一連串連續的階段所組成，由遺傳所決定，並且是符合人類歷史的各個時期的。這樣，在某種流行於 19 世紀末期的生物學的見解的影響下，霍爾一種假設個體和種族平行發展的理論，或透過遺傳獲得特性的假設，如此解釋兒童遊戲的演化：這是祖先活動的有規律的重演。這種理論曾經對幾位教育家產生了影響，但是並沒有產生一項值得關注的應用，在心理學上也沒有留下什麼有價值的東西。美國近年來一些研究遊戲的繼承與年齡的關係的成果顯示，美國的兒童對祖先的活動越來越不關心，他們更多的是從當代環境所提供的情景中獲得遊戲的啟發。

有一種觀點與此相反，智力的發展在很大的程度上是因為內部的成熟，而和外界環境沒什麼關係。這種觀點現在正獲得人們的支持。兒童在相關的神經中樞發育成熟前，要學習行走，這是需要長期練習的；但是在最合適的時刻之前，用各種辦法來阻止嬰兒走路，而一旦到了那個最合適的時刻，兒童幾乎是馬上就擁有了走路的能力。同樣，格塞爾對孿生子的研究，布勒（Bühler）對阿爾巴尼亞嬰兒做的實驗，即將嬰兒包在襁褓之中很長時間，而他們一旦掙脫了束縛，就會迅速的發展，這些事實都可以說明，即使所習得的東西很明顯為個體經驗還有外部環境所影響，但是產生根本的作用的，還是神經系

統的成熟。確實，布勒甚至都承認了，她所建立起來的心理發展階段是一些必須經過的階段，同時也是符合並不會變化的年齡的。現在並非爭辯這種見解是否存在誇張的時候，因為據我們所了解的，在教育上，它並沒有得到哪怕一個系統的應用。

　　另外還有的人主張，兒童智力的發展不過是因為經驗。按照英國一位著名的經驗主義繼承者的觀點，兒童遺傳的心理結構不過是記錄了下來現實的教訓，或者乾脆說（因為即使在今天，經驗主義也依然相信心理的能動性）兒童在自己固有的傾向驅使下，不斷的組織經驗，並將結果保留下來，以備日後之用。

　　這裡我沒有打算從心理學的觀點論證這樣一種經驗主義，在什麼樣的程度上還包含隨著年齡的增長而發展的同化結構這樣一個概念。我們只是指出在教育的應用上，實現這個學說的樂觀程度，和那種認為內在成熟的因素徹底決定發展的學說沒什麼兩樣。事實上，在劍橋的瑪律廷·豪斯小學裡，在是成人的教誨及其笨拙妨礙了兒童的工作這樣一種觀點的指導下，他們已經將成人的所有干預全部克服。他們只為學生提供真正的實驗設備，好讓學生可以自己組織實驗。在這裡，3～8歲的兒童擁有盡可能多、由他們自由支配的原料和工具：燒管、試管、酒精燈等等，此外自然史的所有設備自不必說。結果是很有興趣的，在這樣一種適合研究的環境裡，即使是最小的兒童也不是被動消極的，而是沉湎在各種操作當中，他們顯然對此興趣強烈；當他們自己或一起進行觀察的時候，真正的掌握了觀察還有在觀察中進行推理。不過在參觀這個令人驚奇的實驗

學校時，我們得到的印象是雙重的。一方面，即使是這些條件非常有利，也還是不足以將兒童心理結構的不同特點抹平，只是可以產生加速其發展的作用；另一方面，對於學生來說，有些來自成人的系統可能不完全是有害的。不用說，為了獲得結論，這個實驗應該進行到中學結束，然而結果很有可能證明：和這些教育家所希望的很遠，為了給科學實驗一種意義，還得有一種理性的、演繹的活動，並且出於培養兒童的這種推理的活動的目的，還得有一種周圍的社會結構，不光要有兒童間的合作，還要有兒童和成人之間的合作。

這些新的教育方法已經獲得了最為持久的成功，並且有一點毋庸置疑，它們奠定了將來的活動學校的基礎，在一定的程度上，它們都為一種中庸之道所啟示：一方面要承認結構的成熟，另一方面也要承認經驗還有社會與自然環境產生的影響。和傳統學校否認第一個因素的存在、直接將兒童等同於成人相反，這些新方法將心理發展的階段納入考慮的範圍；但是又和那些以純遺傳成熟的觀點為基礎的理論相反，這些方法又承認這種發展也是可能受到影響的。

階段在教育學中的價值

怎麼用學校的觀點來對智力發展的規律和階段進行解釋呢？讓我們舉一個兒童因果關係的發展的例子。

當我們向年齡不同的兒童提問，他們對哪些主要的自然現象擁有自發的興趣時，他們的回答隨著年齡的不一樣而有很大的差別。我們在年齡很小的兒童那裡發現的各種概念，隨著年

齡的增長，重要性在大大降低：事物都是有生命和意向的，它們可以自己運動，而這種運動既是為了確保世界的和諧，又是在為人類服務。在年齡比較大的兒童那裡，除了少數從上一個階段遺留下來的痕跡外，我們發現的東西就與成人對秩序與因果關係的描述差別不大了。而在 8 ～ 11 歲，也就是在這兩個極端之間，我們發現很多中間解釋形式，它們介於幼小兒童的人為的泛靈論，和與年齡大的兒童的機械論中間。一個屬於這種情況的特殊案例就是一種相當系統的動力論，它的表現讓人想到了亞里斯多德的物理學，它將兒童的原始物理學進行引申，為更理性的連結做好了準備。

　　兒童回答的發展證明，思維的結構彷彿在隨著年齡的增長而有所變化。當然，人們在各個地方的結果並不是完全一樣，而我們一定要仔細記錄下來這些回答的不一致，好為這一過程做出最後的解釋提供依據。不過如果我們大體上將幼小兒童的反應和年齡較大的兒童的進行對比，就不得不承認成熟確實存在。科學的因果關係並非與生俱來的，而是一點一滴的建構成的，在這個建構的過程裡面，除了心理要對事物適應以外，還必須要對思維最初的自我中心狀態（即前面提及的那種將事物同化進於自我）進行糾正。

　　當時，從這種一般的觀察，到能夠接受那種有年齡限度和持久的思想內容為特徵的固定階段的觀點，道路確實非常漫長。

　　首先，即使我們的研究裡包括了很多很多的兒童，我們所得到的特有年齡也不過是一個平均年齡，所以，雖然整體來講

各時期的連續順序是正確的，但是這並不能將伸縮性排除，甚至還有個別的短暫後退的現象。

其次，在人們從一個特殊的測驗向另一個測驗過渡時還有各種差異：就某項特殊的因果關係問題而言，一個兒童是屬於某個特殊年齡階段的，但可能在某個鄰近的因果關係問題上已經進入下一個階段了。就像在科學中一樣，一個新的概念可能出現在一個領域內，當時在若干年的時間裡，卻沒有滲透到別的科學領域裡去。同樣，一種個別的行為或一個新近的概念並非最初就泛化了的，而每個問題都有它自身的困難。如果可以這樣表述的話，那麼就是這種外延上的差異可能就無法建立普遍適用的階段，出生後的頭兩、三年除外。

再次，可以這樣說，還有在理解上的差異：在成為一種反省的或意識到的對象之前很久，一個同樣的概念就可以在感覺運動或實踐的水準上出現（如上面說的關係邏輯）；動作和思維的不同水準不存在同步性，這階段的情景因此更為複雜了。最後，尤其是（這一點不可能不強調）每個發展階段並非以一種固定的思想內容而是某種能力或潛在的活動為特徵的，根據兒童生活的環境，它們能夠實現這樣或那樣的結果。

我們在這裡觸及了一個十分重要的問題，它的重要性不僅是針對新教育和心理教育學而言，也是針對一般的兒童心理學的。它所引起的困難類似於發生生物學。

有一點是眾所周知的，在動植物的變異裡面，在弄清楚遺傳型或內源遺傳變異與表現型或有關環境的非遺傳的變異之間的區別前，很多和遺傳有關的問題都是模糊不清的。現在，我

們直接測量的無非是屬於表現型方面的，有機體總是在某種環境之中生活的，而遺傳型只是屬於同一純種的所有表現型所共有的、不變的因素。這個因素雖然是一種經過了智力的抽象，但實際上卻正是可以對變異機制本身進行了解的東西。同樣在心理學裡，兒童的思維（也和成人的思維相同一樣）本身也無法離開環境而被我們所掌握。

　　某個階段的兒童會因為他們的家庭或學校環境不一樣，因為提問者的不一樣，而做出不一樣的工作成果，對類似的問題，給出不一樣的答覆。所以我們透過實驗只能得到各種心理的表現型，但是如果將某種共同的反應視為某個年齡階段的絕對特徵，或者永遠不變的內容，那通常都是錯誤的。不過，如果我們將同一個年齡組的兒童在不一樣的環境裡做出的回答，和另一個年齡組的兒童在一樣的環境裡做出的回答進行比較，顯然就可以確定他們的共同特點，而且，這些一般性的特徵正是將各個不一樣的年齡階段的潛在活動區分開的指標。

　　雖然我們現在還無法肯定的將心理結構成熟而產生的作用，和兒童自身的經驗或者自然與社會環境對他們的影響而產生的作用之間的界限明確下來，不過看起來我們應該承認這兩個因素都是經常發揮作用的，發展是這兩個因素持續相互作用的結果。從學校的角度來看，這意味著，一方面我們不得不承認存在一個心理發展的過程，所有智力的養料，並非能為所有年齡階段的兒童所能吸收，每個階段的特殊興趣和需求都應該為我們所考慮到；另一方面，這也意味著，在心理發展中，環境可以發揮決定性的作用，在年齡與思想內容上，階段的進展

並非一成不變的，因此良好的方法能夠提高學生的效率，乃至讓他們的心理成長獲得加速，而不會有什麼損害。

兒童的社會生活

環境對發展的影響，還有每個階段所特有的反應，總是既關係到特殊的環境，也關係到心靈的機能成熟。這個事實正引導我們在接近將這個簡要的陳述結束時，來對兒童期所特有的社會關係在心理教育學上的問題進行一下考察，這一點是最能將新學校與傳統學校對立之處闡釋清楚的。

在傳統的學校裡，社會關係只有一種類型 —— 教師對學生的作用。毫無疑問，一個班級裡的兒童，不管採用什麼工作方法，總是可以構成一個真正的團體的，而且建立在這樣的社會裡的同伴關係、互助與公正的規則，學校總是予以贊同的。然而在兒童之間的這種社會生活，除了運動與遊戲時間外，從來都沒有在教室裡實現過。這種誤稱為團體的練習，其實只是各個人在同一個地方一同從事的工作而已。因此教師對學生所起的作用就是全部了。既然教師不僅在智力上具有權威，還在道德上具有權威，而學生的義務就是服從教師，那麼社會學家所稱的約束的非常典型的案例就在這種社會關係裡產生了。不用說，這種約束只有在學生不服從的情況下才顯示出它的強制性，而在這種約束正常發揮作用時，它可能是溫和的，學生容易接受的。

和這個相反的是，新的教育方法從一開始就賦予了兒童之間的社會生活主要的地位。早在杜威和德可羅利最開始的實驗

裡，兒童之間就是自由的工作的，在探究智力和和建立道德紀律的過程中，就是相互合作的。在活動學校實踐中，這種團體工作和這種自治已經成為主要的東西了。對這種兒童的社交生活產生的問題進行一下討論，也是有價值的。

　　遺傳行為的觀點認為因為這是和有機體的心理生物的結構有關的，因此涂爾幹（Durkheim）說社會是在個體的內部的，即個體都是具有社會本能的，差不多是從出生的第一天起，就有了社會性。嬰兒在出生的第二個月就會對人微笑，試圖和人接觸。我們都了解，在這一點上嬰兒已經具有了怎樣的需求，是有多麼的需要伴侶，對規定的單獨活動時間似乎並不習慣。同時和這些內在的社會傾向存在的是外在的社會，也就是在兒童之間的、從外面建立起來的關係的總和：語言、知識的交流，還有道德法律行為。總而言之，那些構成人類社會並代代相傳的東西，和建立在本能上的動物社會的所有東西都並不相同。

　　但是從這個觀點來看，即使兒童起初就具有同情和模仿的本性，也總得要學習一切。事實上，兒童從一個單純的個體狀態開始 —— 在剛出生的前幾個月裡，完全不可能和別人互動 —— 要經歷一個一直前進的社會化過程，這個過程是不存在終止的。一開始的時候，兒童既不明白規則，也不認識符號，而都要有一個一點點適應的過程，將別人同化入自我，又讓自我順應於別人。這樣就掌握了外在社會的兩個基本性質：建立在言語基礎上的互相理解，建立互惠準則基礎上的共同紀律。

所以從這個觀點來看（雖然只是從這個外部社會的觀點來看），我們能說兒童是在不自覺的自我中心的最初狀態出發的，是和它還沒有和集體分化出來的狀態相互關聯的。

一方面，幼兒（從第一年下半年開始）實際上不僅在試圖和別人接觸，還一直在模仿別人，而這是在這方面他具有高度感受性的明證。這就是上面說的順應的觀點在社會方面的表現，而在自然界那一方面，它就相當於現象學派所接受的經驗的外向方面。不過在另一方面，兒童同樣也在持續的將別人同化於自己，即因為對於別人的行為和動機，兒童還無法做到由表及裡的深入了解，除了將所有都變成他自己的觀點，並將自己的思想和願望投射到別人的身上外，他們就無法對別人進行了解了。因為兒童還沒有掌握互相理解或交換意見的社交工具，也還不懂得讓他自己服從互惠的紀律，這很明顯，兒童只能認定自己是社會與自然的中心，以及利用自我中心的同化作用，將一切都同化於自己，並對一切進行判斷。而相反的，當他們逐漸可以像了解自己一樣去對別人進行了解，並讓自己的意志與思想服從於各種規則，而這些規則的一致性足以讓這種艱鉅的客觀性具有了可能性時，他們就既可以成功的擺脫了自身，又可以意識到自己，也就是說，可以從外邊讓他自己置於別人之中，與此同時，又可以發現他自己以及別人的個性。

總而言之，兒童的社會發展是從自我中心狀態發展到互相作用，從不自覺的將外界同化於自我到相互理解，並形成了個性，從整個混沌的未分化狀態，發展到建立在有紀律組織上的分化狀態。

最初自我中心狀態的作用

讓我們首先對最初的自我中心狀態的作用進行考察，在幼兒的行為中，它們是第一批被注意的東西。

在讓兒童自己或共同的自由活動的學校裡，在遊戲裡，幼兒會表現出一種非常有特點的行為。他們喜歡聚在一起，而且經常要兩、三個人一組，不過即使是這樣，他們一般並不會試圖彼此進行合作，每個人自己行動，有時候也會互相同化。

比如在類似打彈珠的團體遊戲裡，甚至遲至五、六歲的時候，每個兒童對規則，都還是在以他自己的方式，而且同時每個人都打贏了。在建築遊戲或象徵性的遊戲裡，甚至有接觸、粗淺的模仿和無意識的孤獨的成分混雜其中。這就是當團體工作的方法用在很小的兒童身上總會遭遇失敗的原因所在。

兒童的語言在這種情境中通常也比較重要。我們在日內瓦的幼兒之家裡對 3～6 歲的兒童進行觀察，發現了大量的團體獨白，每個兒童都為自己說，而沒有真正的聽別人說。這種自我中心的語言在別的環境中就很少能觀察到，或者說得絕對一些，不會有這種表現。不過我相信，幼童的自言自語或者團體獨白，構成了一個階段的這種表現型特徵的典型。即它們不光和兒童有關，還和兒童活動的環境有關。一方面，這類現象一般只能出現在七、八歲以下的兒童那裡，而沒有在年齡較大的兒童那裡觀察到，這就足以證明，這是早期階段所特有的特徵；另一方面，只有在一定的環境下，這種特徵才能表現出來，它能夠根據學校或家庭的氣氛，即根據成人所施加的影響

而發展或者縮短。

但是特別是從智力的觀點看，自我中心狀態這個現象是值得注意的，而且還具有普遍的重要性。我們已經看到，這種持續將外界同化於個體的活動的作用解釋了遊戲。

如果缺少這種將現實同化於思想的作用，遊戲，特別是象徵性的遊戲就是無法理解的，因為它不僅說明了想像特有的願望怎樣透過遊戲獲得了滿足，還說明了遊戲的象徵性結構和社會化思想的概念結構與語言結構有著怎樣的差別。所以，自我中心思想裡，遊戲就是最特殊的典型。按照這種思想，外在世界就什麼客觀重要性都沒有了，成為徹底順從於自我的興趣的東西了，只是一種用來發展自我的工具了。如果象徵性的遊戲只是透過將事物同化於活動本身，來實現自由自在的滿足個體思想的目的，那麼自我中心狀態就顯示在適應的過程中了。另外，因為適應是一種處在同化與順應之間的平衡狀態，而且這種平衡還意味著在這兩個過程達到相輔相成前，得有一個長時期的結構化過程，那麼，上面說的這些情況就是非常自然的了。

所以，我們前述的作為發展最初階段心理結構的特徵的兒童邏輯的兩個方面，是和自我中心狀態密切相關的。如果兒童對處理思維水準上的關係感到困難，而他的感覺運動活動又已經對事物之間的關係都適應了，那麼就是因為相對性包含了觀點的相互性，而且因為在個體對利用個體間的交流與合作而實現觀點交流觀點感到習慣之前，個體仍然是他自身的觀點的奴隸，自然會覺得自己的觀點是絕對的。另外，如果兒童構成真

正的概念這樣困難，對於類的邏輯運算也很困難，這是討論與知識交流的推論所必然的，對培養分析的頭腦，和讓心智認知確定的定義還有清晰的概念的價值是必需的。通常來說，邏輯的形式的法則是思維的一種特質，而這種特質的建立，必須要經過合作與合作所包含著的對真理的尊重。

社會化的過程

所以，在所有的領域裡，兒童停留在自我中心狀態，甚至對外在的社會現實還不適應，和從智力的角度來比，這一點從道德的角度更容易得到證實。這種自我中心狀態也是每個兒童心理結構組成部分之一。那麼，兒童是怎樣來適應社會生活的呢？或者換言之，這個社會化的過程是怎樣進行的呢？

新教育方法的創造性在這裡就特別明顯了。不管是在智力方面，還是道德方面，傳統的學校都將所有社會化的過程都歸結為一種約束的機制。活動學校則正好相反，它的幾乎所有的成就，都小心的區分擁有各自截然不同結果的兩種過程，一定要特別的小心機智，才能讓它們實現互為補充。這兩個過程是：成人的約束，還有兒童之間的合作。

成人所施加的約束，如果和兒童心智中非常深刻的傾向相互的話，效果就會很明顯。

事實上，兒童在一般的成人，特別是在他的父母身上，體驗到的是一種畏懼和喜愛交織的基本情緒，這就是尊敬；而且就像有人指出的，尊敬既不像康德（Kant）所認為的是來自

於法律本身的，也不像涂爾幹所認為的那樣，是從個體中所表現出來的社會集體來的，它是嬰兒和附近的成人的感情關係中一個基本的事實，並且這不僅說明了兒童的服從，也說明了強制性規則是怎樣形成的。事實上，如果命令和教誨來自一個為兒童所尊敬的人，那麼兒童感受到的就是這是一定要執行的義務。所以，是要用尊敬來解釋責任感的發生的，而不是倒過來。這充分展示了成人對兒童所產生的作用有多麼的重要。

但是，如果從發展的一開始，成人就是這樣成為所有道德、所有真理的泉源，那麼這種情境就難免會出現危害。比如從智力的觀點出發，成人在兒童心目中具有的威望，就意味著教師所做出的一切斷言，都會被兒童當作毋庸置疑的東西而全盤接受，也就是說，在權威面前，用不著反省思考了。既然兒童在自我中心狀態的驅使下，對這種不受控制的斷言十分嚮往，對於成人的尊敬通常只是以信仰權威代替相信自我，這又讓自我中心狀態得以加強，而不是進行糾正 —— 但不會導致那種對推理能力的形成有利，並且只有在合作與真正交換意見的過程中才能獲得發展的反省思考和批評的討論。

從道德的觀點來看，也同樣存在著危害。有一種道德上的現實主義，是對應這種智力上的順從的說法的：行為是好是壞，要看它是不是符合成人的規則。這種主要來自於服從外部的道德帶來了種種曲解。既然這種服從外部的道德無法培養兒童具有個人良心的這種自主性，而只有這種自主性，而不是純粹的義務，才能構成善良的道德，那麼它在培養兒童接受當代社會的主要價值就是無能為力的。

　　這就是新教育學要努力用建立在兒童本身的社會生活上的內在紀律，來對外來紀律的不足進行彌補的原因。

　　因為兒童不僅在他們自己的社會，尤其在他們的團體遊戲中，可以讓他們自己服從一定的規則——和成人所發出的命令相比，他們會更加自覺的和堅定的尊重這些規則，然而誰都知道的還有一整套和他們的教室紀律並行的互助制度存在，這種制度多少帶有一點神祕性的，以「特別的了解」和獨特的正義感為根據。新方法都傾向於利用而不是忽視這些團體的力量，也不會容許它們轉化為敵對的力量。

　　兒童之間的合作和成人的作用在這個方面是一樣重要的。從智力的觀點來看，這種合作對鼓舞兒童真正的交流思想和討論是最為有利的，也就是說對批判態度、客觀性和推理思考的行為培養是最為有利的。從道德的觀點看，這種合作可以讓兒童真正的執行行為的原則，而不只是對外在約束的順從。換句話說，利用學生之間的有效合作，還有將團體的自覺紀律貫穿在教室裡的社會生活，這就是新學校所特有的那種活動的理想本身，我們前面也曾經描述過，它是在行動中的道德，就像「活動的」工作就是活動中的智力一樣。除此以外，合作對一整套特殊的價值的形成也是有利的，比如「有機的」互相依賴和以平等為基礎的公平。

　　當然，不考慮那些極端的案例外，這種新教育的方法並沒有不少教師社會活動的傾向，但是在追求成人的尊敬和兒童的合作之間的協調，並盡可能的為教師減少約束，將其轉化為高階的合作。

第四章
現實世界中的教育權利

聯合國表決通過的《人權普遍宣言》第 26 條內容如下：

1. 人人都有受教育的權利。教育應該是免費的，至少在初等和基礎階段應該是這樣。基礎教育將是義務教育，應該普及技術和職業教育，以成績為基礎，人人應有平等的、接受高等教育的機會。

2. 教育的目的應該為了人的個性的充分發展，並要加強尊重人權、尊重基本自由。它應該有利於所有國家、民族或宗教集團之間的了解、寬容和友誼，並對聯合國展開維護和平的活動產生促進的作用。

3. 父母擁有為自己的孩子選擇所受教育的優先權。

這裡不僅展示了社會對教育個體所承擔的職責，也強調了一下教育的社會目標，還特別指出了結合個人的發展和尊重別人的職責。最後是將父母的作用予以拔高。我們榮幸能將這一文獻予以說明，並依次解釋上述這些觀點。本文的作者並非專業的教育家，而是一位對人的成長問題進行研究的心理學家。因此作者憑藉最客觀的心理學和社會學的研究精神，想對當前教育的實際狀況所引起的問題的緊迫性進行重點強調。

一、人人都有受教育的權利

人類的發展，會伴隨兩種因素而發生變化：神經系統和基本心理機制所賴以發展的基礎 —— 遺傳和生物適應因素；傳

遞因素或社會的相互影響，從嬰兒時期開始到發展的過程裡，到形成行為和心理生活的過程中，它所發揮的作用越來越重要。說起受教育的權利，這就首先要看到在個體形成本身的過程中，社會因素所發揮的必不可少的作用。

只有一些低等的動物群是徹底由本能作用支配的，即遺傳的裝置還保留在個體本身的裡面。在高等動物這裡，除了本能或看起來像先天的行為以外，已完善的某些行為，是需要外部社會傳遞的介入，以模仿和訓練的形式，簡單的說，就是受到父親或母親的幼年教育。比如一位心理學家已經證明了，一隻小貓如果和母貓分開了，牠的捕獵本能，沒有同樣的行為、但是有母貓的激勵和榜樣強化的情況下發展得好。不過動物的家庭生活是短暫的，它所引發起的教育開端還是非常有限的。屬於類人猿的黑猩猩天賦較好，父母與寶寶之間的關係只能持續幾個星期。在第一年的末尾，在五個母親裡只能認出牠的子女的只有一個。

動物社會和人類社會的根本區別，是人類的社會條件的主要特點 —— 生產的技術方式、語言，還有由其組合而可能產生的各種思想體系、道德還有法規 —— 這些行為再也不是由內在的遺傳機制決定，也並非早就準備好的，只要與物體接觸近親就會得到激發，而是利用一代代的外部傳遞獲得，即透過教育，並在多種分化的社會互相影響下，獲得進一步的發展。比如自從人類掌握了說話的技能開始，就沒有任何一種方言是透過遺傳而固定下來的，都是在家庭的環境下，透過對年幼兒童進行的外部教育，使他們學習語言的，因此才被稱為「母

語」。

　毫無疑問，人的神經系統是具備這種獲得語言的潛能的，而類人猿則就沒有。而且具有「符號功能」是內部傾向的一個組成部分，而並非社會創造的，社會只是對其加以利用。但是如果外在的社會傳遞不存在，團體語言實際是不可能延續的。這個事實顯示，從最初的時候，這種培養條件的作用雖然是算不上充足，但卻是心理發展所特別需要的，這就是教育。

　不過，從兩種後來對個人適應環境最重要的邏輯和道德的價值和規範的系統開始，適合語言（將團體價值表達出來的方式）的，也是適合這些價值本身的，並且同樣適合由它們所決定的法規。人們長期以來都相信邏輯是個人與生俱來的，也就理所當然的屬於「人性」的，常識通常認為這個是先於社會生活而存在的。從這種 17、18 世紀流行（直到現在通常見解還是這樣的）的觀點出發，人們主張「邏輯官能」是「天賦」的，甚至和團體生活的人為的產物相比，這是唯一「自然的」。在笛卡兒（Descartes）看來，「理性」，也就是即邏輯推理官能，是這個世界最為普遍的東西。盧梭透過將天生完美的個人和後來因為社會生活墮落的個人進行對比，從而建立了他整個教育學體系的。傳統學校的學說就是由這種觀點激發：幼年時期成人就已經形成了，也就是說個人的發展不過是先天官能的實現，教育的作用被降低為無非是簡單的講授，只是對早已完成了的官能進行充實和培養，而不是形成，總而言之，只要在記憶裡累積知識就可以了，而沒有將學校作為一起進行真實活動（和實驗）的中心，好讓邏輯智慧能夠利用動作和社會互動而得到

充分的發揮。

　　但是邏輯絕對不是兒童與生俱來的。有很多研究不僅研究了幼小兒童的語言思維，還研究了實踐智慧和具體運算，兒童透過這些階段將他們的分類、數學、空間、序列、數量、運動、時間和速度等等觀念建構完成。這些研究的結果清楚的證明了這個事實：邏輯上被認為必不可少的推理，是在智力發展達到一定水準時開始的，與早期的智力結構沒有關係。

　　這裡可以舉一個具體的例子：完全正常的七、八歲兒童都會承認，如果兩個形狀不一樣的杯子 A 和 B 裝一樣多的水，又假設 B 和 C 兩個杯子也裝一樣多的水，那麼，即使杯子 A 和 C 的形狀差別，比 A 和 B 或者 B 和 C 的差別更大，A 和 C 中的水量也是一樣多的。而如果是四、五歲的兒童，當 A 等於 B、B 等於 C 得到了證明時，他們就不會有理由來承認 A 和 C 的水量是一樣多的想法，而且也沒有明確的理由承認容器變了的水還是一樣的。如果是 7～10 歲或 11 歲的兒童，如果只是涉及簡單的水量問題時，A 等於 B、B 等於 C，則 A 等於 C 的推理他們就可以接受；但是如果涉及如質量等複雜的概念的問題時，更不用說完全口頭的推理（即沒有實物）時，他們就會產生懷疑了。作為一般成年人的形式邏輯要到 11～12 歲才開始形成，直到 14～15 歲最終完成。

　　這樣的事實讓傳統教育學問題的詞語都有了極大的改變，受教育權利的意義也因此改變：如果邏輯本身不是天生的，而是建構起來的，那麼教育的首要任務就是培養推理能力。第 26 條的開頭莊重的表示：「人人都有接受教育的權利。」這一建議

意味著任何一個人在成長的過程中，有置身在一種學校的環境裡的權利，讓他可以將邏輯運算所必需的適應工具建構完成。但是這種形成比看起來的要更加複雜，領會它並不用特別的洞察力。對一般正常的中等水準的成人個體進行考察，就會發現這樣一個事實：真正的掌握了邏輯推理能力的人，和全力培養真正有道德良知的人有一個共同點：都很少見。

以上這些事實說明，推理技能要易於道德的形成，起碼在理論上是這樣的。任何一個人都會認為，如果某些天生的傾向可以讓人類構成道德規則和道德感，那麼這種轉化設想就具備一整套的確定的社會關係干預，首先是來自於家庭的，接下來是更加一般性的。因為所有人都意識到了，單純的遺傳傾向和道德教育的形成作用，只有在某一個點上才是相反的。然而透過分析可以很明顯的看出，在個體的道德形成與智力形成之間，有一種相似存在。這裡就有一個問題出現了：教育對天生的或獲得的個人傾向的形成與完善的外部影響，是不是僅限於簡單的傳授規則和現成的知識？這難道不是和智育上的要求將某些功課記憶和背誦類似，灌輸給學生某些義務和準則？或者說，道德教育的權利是不是和心智的形成一樣，這意味著實際建立，或者起碼是參與設計一些強制人們遵守的紀律的守則？所以，德育上就有了一個自我管理的問題，這和對團體中心智的自我形成是有些類似的。無論在什麼情況下，都應該在一開始就強調智育和德育權，比傾聽或獲得知識、比強制服從的意義大多了。這和在每個人身上陶冶某些高尚精神工具的權利有關，它的要求是要有一個特定的社會環境，而不只是造成

服從。

　　因此教育就不只是一個形成過程，還是一種必需的形成條件，對自然發展本身來說。所謂的每個人都有接受教育的權利，不只是認為每個人應該按照其心理生物學本性達到很高的發展水準，並且具有從社會文化和道德傳統中接受知識傳授的權利——個體心理學就是這樣從常識推論的，還應該給予更深刻的肯定，如果從外部提供必要的培養性的社會環境不存在，那麼個人將不能獲得他最基本的心理結構，並且從最低的到最高的，社會的或教育的因素都構成了發展的一種條件。有一點是毫無疑問的，那就是按照現在各國的情況，在三、四歲或者六、七歲之前，發揮教育作用的是家庭，而不是學校。人們可能會爭辯，既然對早期社會互動的教育意義予以承認，那麼兒童已經在家庭環境裡獲得了培養，他們的教育權就是準備接受學業教學，是一個教學問題，而不再是教養問題了。然而我要說的是這種方式將教育過程劃分為兩個時期，或者是區分為兩種勢力範圍，認為第一種才是培養性的，而第二種不過只是傳授特定的知識而已，這就又把教育權的意義降低了，不僅將後者的範圍縮小了，還分割開了學校與生活。基本問題是要讓學校成為培養人的環境，這是家庭想要做到，但是又無法充分做到的，它構成了讓感情和智力獲得充分發展的必要條件。

　　肯定所有人的接受教育權，這意味著承擔一個和簡單的保證所有人都擁有讀、寫、算的能力相比要大得多的責任，也就是切實的確保任何一個兒童的心理功能都可以充分發展，都可以獲得知識，都可以獲得和這些功能訓練對應的道德價值，

直到他們可以適應實際的社會生活。所以，特別是承擔義務
──記住區分每個人的體質和才能，不要損壞這些為社會造福的可能性，否則就會損壞某些重要的部分，或者是扼殺了某種其他的能力。

這也就是教育權的宣言包含（如果人們願意在宣言的文字意義上強調其重要性的話）對和心理發展的規律有關的心理學和社會學的知識加以應用，以及這些學科為教育工作者所提供的、適應無數論據的方法和技能的設計的知識的原因所在。所以一個問題出現了：確定這一社會環境，根據什麼方式呢？也就是說讓學校獲得最好的培養結果。如果這種培養的內容只是簡單的傳授知識和規則，這是一種情況；如果內容包含了教師和學生、學生和學生之間複雜的關係，像我們前面討論過那樣，這又是另一種情況。我們的討論將回到我們著作的關於「人的個性的充分發展」這個論題上來。

現在，我們要從社會對兒童的職責的觀點出發，提出原則，並探求它的結果。這個原則即教育並非一種外加在由天生的方式調節的，或者只受到家庭影響的個體發展上的東西；從出生開始，到青少年期結束，教育是一個整體，還是智力和道德成長兩個必要的根本因素之一。所以，學校對於個體實現潛能，對於適應社會生活的最終結果，負有重大的責任。

總而言之，按照各人的天賦，個體內部的演化只是提供一些可以被發展的、被毀壞的或者保持原來的形態的粗略的輪廓。但是這不過是粗略的輪廓，只有利用社會和教育的相互作用，才會將其變為有效的行為，或者是徹底毀壞。所以，教育

權就是個人根據他所具有的潛能而正常獲得發展的權利，而社會具有的職責，則是把這些潛能轉變成有效且有用的現實。

二、教育應該是免費的

　　現在的教育和教育權所指的教育之間還是存在差距的。如果我們接受剛才講的那些道理，那就只能一步一步的將這種差距消除。首先，初等教育權與中等教育權要區分開。每個國家都承認初等教育權，但是因為那些難以克服的困難，在實行的過程中還是存在障礙。中等教育權則還沒有被所有的國家所承認。其次，要將能夠進入一個有組織的學校的權利，和每件事都包含著「人的個性的充分發展」這一條文規定的權利區分開。

　　這樣我們的討論，將從現有的學校，以及在這種學校接受初等教育的權利開始。「教育應該是免費的，至少在初等和基礎階段應該是這樣。初等教育是義務教育。」

　　現在，幾乎每個國家都在法律上規定初等教育是義務教育。但是我們絕不能因此產生錯覺，這樣國家立法的事實，和這條法律獲得了普遍的實施並不能劃等號，因為根據學齡兒童的數目來說，學校和教師的數量都還不夠。在很多的國家裡，每年都有一批年輕的文盲加入成人文盲的隊伍當中，即使後者的數目已經相當可觀。這就是聯合國教科文組織首要的教育任務中的一個就是和文盲做爭鬥的原因。極大的、推行基礎教

育的戰役，正在世界上那些剛剛接觸現代文明的地區（比如亞洲、非洲的某些地區）進行。還有很多歷史悠久的國家，還沒有將在學齡期掃除文盲的問題解決。此外還有一些地區，基礎教育的問題只涉及到了成年人自己，和這一類型的文盲做爭鬥，以及對用在這一特殊目標上的新教學技術進行完善的工作在某幾個國家獲得了不小的勝利。例如在墨西哥建立、盡人皆知的「學校使團」（在聯合國教科文組織主席督促下建立的，當時的主席是墨西哥政府公共教育部部長），將遙遠的農村和山區也普及了初等教育。

然而強迫的初等教育問題其實也是社會公平問題，用一個比較準確的說法，教育公平是社會公平問題裡一個比較特殊的例子。強迫性的初等學校教育（及其對成年文盲層的引申）必須是要免費的，要不然就沒有意義了。免費的原則，已經獲得了所有實行強迫初等教育的國家的認可。但是免費並不限於消極的不交註冊費，還存在一些其他的問題，有些可以說是外在的（免費接送那些住得較遠的學生，免費的食堂以至免費的服裝等），另外一些對學校自身是必不可少的。在後一類的問題裡，應該把免費供給教學用品放在首要地位。任何一項教學工作都需要一定的教學物品，教學的方法越靈活，所需要物品就越重要。顯然，如果為學生提供工具，尤其學生努力的成果可以歸他們所有，那麼他們一定會更加願意從事這項活動。傳統的教育制度只涉及很少的幾樣物品，包括教科書、筆記本、紙張等。但是如果教學採用活動的方法，那麼教科書的作用就降低了，而剛好相反的是，校內印刷、檔案和收集品的製作和各

種類型的建構（製圖和其他）的進行，都有一個前提，那就是相關物品充裕。當學生動手的成果會成為他自己的財產時，他們總會更加的努力。學校免費供應物品的想法現在還沒有獲得充分的傳播，儘管各地在減免一切費用的意義下，都對這樣的想法給予越來越大的肯定。但是這裡還有一個對教學和註冊入學同等重要的問題：「免費供給教學用品的原則必須被認為是義務教育的自然的並且是必然的結果。」

以上這些問題，如果說已經有很多國家隱約的發現了解決的辦法，那麼頗為不幸的是，強迫的和免費的中等教育的情況就大不一樣了。自從 1934 年國際教育局召開第三次公共教育會議以來，針對「延長義務教育」和「准許入中學」這兩個課題進行的國際性研究，讓我們認識到了一些障礙，它們存在於教育公平或「教育權」的根本問題，和勞工組織或職業結構相連結的社會問題之間，簡單的說，社會分裂為若干個參差不齊的階級。

事實上情況是這樣的：或者對統一的低限和高限的學習年齡做出規定，並向履行這種義務的家庭提供資助，以此保證所有學生都擁有受中等教育的權利，但是各種可能的中等教育類型和學生的各種志向的定向問題又出現了；或者去除中等教育的義務性質，將某些類型的學生送往高一層的學校繼續學習，或者他們只是在中級結業時獲得中學文憑，而容許另一些學生從此不再在正式學校進行學習，直接去做學徒，但是，這裡有兩個問題：得弄清楚進行選擇的標準是什麼，並且還得確定這些不同志向的指導程序問題。在這兩種情況裡面，都同樣或多

或少、或近或遠的存在一個選擇一種職業學校的定向問題。解決這個問題，都是要看兩個同樣的因素：學生個人的才華，以及家庭的、社會的或經濟的條件。

什麼條件才可以談得上中等教育的權利？給予這種權利具有哪些意義？我們已經在第 26 條的第一段解釋了這一點。即使因為和國家經濟有關的原因，免費的教育暫還只限於初級階段，不過「技術和職業教育應該普及」，而且還有更重要的一點是，「按才華，高等教育應該是人人平等的」。換言之，中等教育的權利問題確實是有的，無論學生最後從事什麼職業，這種權利包括為所有的行業做好準備，可以通向各種職業，即進入大學和其他高等學府學習，應該取決於學生的才華，而不是他的階級或者種族條件。

我們可以很快就發現這樣的宣言所提出的問題的複雜性以及嚴重性。可以將它們按照三個原則進行歸類，每一類都以自相矛盾的形式表現出來。一是從社會和經濟的角度來看，問題在於確保不取決於家庭的經濟狀況下將學業延長，因為學生的才華和才能可以和他的物質條件狀況並不一樣。二是從傳授團體價值的角度來看，涉及協調足夠的一般文化教養和及時實現的職業專業化的問題，因為這兩者之間的矛盾的發展趨勢是隨著科學技術的進步而日益尖銳。三是從學生個性形成的觀點出發，就出現一個在讓學生根據他的才能情況進行發展的同時，保證他在德、智、體各個方面盡可能的獲得全面發展的問題。這些才能（定義是可以將同樣智力水準的個體明確區分開的某種能力）會隨年齡的增長越來越不一樣。

有一個基本的事實對解決這三個問題構成了制約：在許多文明程度較高的社會裡，正常的智力、道德的發展差不多要到15歲才能完成，也只有到了這個年齡，各人在才能上的明確差別才有可能顯露出來，而在此之前，所有的定向都具有較大的偶然性，並且還存在忽視了重要潛能的風險。所以如果我們考慮到學生和社會的利益，就必須要保證中等教育要一直延續到這個平均的年齡，暫時將職業管道的開闢問題放在一邊，讓所有的學生都能獲得足夠的知識，並在這段共同的學習期完成後，為他們決定自己的志向提供相應的幫助。

這個問題有時候被稱為「單一學校」問題，導致了大量多餘的討論，因為在某些國家裡，一個政黨對這一概念表示認同，自然會激起它的敵對政黨的反對。在鄰近的國家裡，我們可以看到同一個原則在不同的時期為同一些政黨的支持或者反對，黨派爭鬥通常都是口頭上的，而不是觀念上的。所以我們拋開字面意思不談，只注意那些獲得教育家們越來越認同的原則。無論為十一、二至十四、五歲的兒童開辦的學校類型（古典的、科學的或者技術的，以及將它們混合在一起的）有怎樣的不一樣，重要的是這些學校在整體形成了一個單一的系統或制度，使得有可能按照學生在學習中成功或者失敗的情況，以及後來表現出來的才能（特別是剛上中學時還不能發現的才能），從一個學科轉向另一個學科。更重要的是，不能就此認為這樣的從一個學科轉移到另一個學科是一種例外的辦法，而是良好定向的結果。

如果接受這一原則，那麼實施起來就需要一個前提：解決

上述三個問題。這樣一來，國家各種組織形式的差別，還有現實和所期望的理想之間的距離就凸顯出來了。

首先是經濟問題，它是支配其他一切因素的。在好幾個國家，中等教育已經是免費的了（不包括寄宿費用，這一點很少有例外），但是並非所有地方都是這樣。免費還不包括教學用品，只有極少數的例外。另外了中學教育這個時期，不言而喻，只免學費是無法將家庭承擔不起的問題徹底解決的，因為還要維持兒童的生活，兒童沒有賺錢的能力，那些住的地方離學校很遠的學生還得支出一筆車費，尤其是那些住在特定城市的學生還得支出膳宿費用等等。誠然，每一個這類困難，都會在大學階段重新出現，而且還會變得更加嚴重。

通常的解決辦法是獎學金制度，眾所周知，這一辦法已經為很多才能卓著的學生提供了極大的幫助，但是也很明顯的是，這個辦法僅僅治標，因為還沒有獲得充分的普及，而且也還沒有成為認可中等教育權的永久性的團體保障，在這方面我們還可提出許許多多不一樣的方案。一般來說，獎學金的數額同時考慮到學生的才能和家庭經濟狀況，所以設計了很多方法來發現那些有才能的學生，有時甚至還得具有刺激某些難以啟齒的家庭的效果，授予獎學金好像是一種例外的補助，甚至是在布施。所以一方面它要走的路還很長，直到人們承認獎學金不應該僅僅是授予那些具有特殊才能的學生，而是應該為實現所有人都能享受中等教育而助力；另一方面，獎學金絕對不是國家在表現慷慨，而是對一種明確的社會職責做出的反應。

這種狀況的影響，已經在一些地方產生了一種中等教育的

真正平等，或者「普及中等教育」的普遍運動。毫無疑問，這裡明確的強調了一個現在最為緊迫的教育公平和社會公平的問題。

　　有一點不必說，普及中等教育的意思並不是一種單一的、一致的方向，然後是引導每個學生都去參加中學畢業會考並繼續去大學裡深造，而是要在普及的範圍內，讓中等教育發揮分化的作用，讓那些未來的農民、小商人或工人像未來的技術人員和知識分子一樣，都可以按中等水準獲得對日後的工作有幫助的技能，儘管這些工作技能對於每個人來說可能都是一樣的。這裡提出了前面提及的三個問題中最後的兩個問題：如何協調一般文化和專業化，以及讓青少年按照他們自己的才能獲得充分的發展。這一方面和團體價值觀的發展有關，另一方面又和人本身的發展有關。從這個意義上來講，這其實是一個問題的兩個方面。

　　團體價值觀的傳授的觀點認為人的各種活動構成一個不可分割的整體，這一點通常都是清楚的，例如如果不承認技術和科學思想之間深遠的、相互依存的關係，就不可能對一個社會的真實生活進行分析。哪一個先出現並不重要，因為它們在連續的歷史過程裡是互相依存的。文化上的不同方面，甚至文學，也在不同程度上和它們相互連結著。中等教育教給學生的一般文化知識，不能像一般想像的那樣，總是局限於抽象的訓練（文學的、科學的或者是混合的），並沒有扎根在被視為整體的社會的結構和現實生活當中，而是一定要將社會生活的實用的或技術的、科學的及藝術的不同方面，有系統的結合在一

起，構成一個整體。必須要將這個整體和最廣義的文明史的思想連結在一起，而不僅僅是從屬於政治和軍事的歷史事件（確切的說，是和集體事件相關的原因，而不是它的結果）。

所以，這是不確實的，將中等教育擴大到準備從事徹底屬於體力勞動的和徹底屬於腦力勞動的各種職業的學生身上，從分別需要的一般文化和專業化的角度來看，就一定會走進一個死胡同。相反，這種一般文化益處很多，可以在實際生活中得到錘鍊，可以將自己建立在社會生活不同方面的相互作用之上。一句話概括，能夠發現和研究人現在是什麼樣，將來會是什麼樣，而傳統教育只會教人過去是什麼樣。

至於第三個問題，即協調一般教養與專業化的關係，無疑它是最不好處理的。這就涉及到了教育一個特定的個體，而不再是將某些普遍的或特殊的團體價值傳授給整個一代人。因為不存在兩個完全一樣的個體，這就變成一個非常困難的工作。實際上，學生未來的志向，也是以對家庭傳統和經濟地位的考慮為基礎的。顯而易見，一個出身自由職業家庭的兒童擔心失去社會地位，將會選擇一樣的職業；而除非具備卓越的才能，否則農民的兒子將還會是農民。然而如果像新的《人權普遍宣言》第 26 條裡鄭重宣告的那樣，和文明社會日益增加的普遍傾向相協調，想進大學學習，靠的只是成就，而中等教育則應該在其他一切職業系統當中普及，那麼就很明顯了：學校承擔了新的、特別的、繁重的，以及是決定性的任務，也就是不只是為高等學校選送專門的人才，也在為同樣受尊重的一切行業輸送人才。所以，學校肩負著發現和發展多種多樣的個人才能的

責任，而不應該只是從今後的學業成就來給予學校評價，也就是說，不能只是將學校視為通向這個唯一的目標——大學的一個臺階。

那麼首先要解決的問題是定向問題：在學生的才能還不是很明顯的年齡時，如何能夠用足夠客觀的辦法來進行判斷呢？如何才能確認這種關係到學生的職業生涯和全部生活的判斷呢？這裡暫時不考慮家長的作用，方法只有兩個：嚴格意義的考試，以及對學生在校期間完成的作業進行分析。這兩個方法各自還都可以再分為兩個。事實上，考試不僅包括學業考試，還包括在專業人員指導下進行的心理學測試（透過必要的心理學學習，教學人員也能成為專業人員）。另外，對作業的分析，可以由狹義上的學業成績來測定，這就涉及到了一些考核（比如按週的、按月的等等），這種分析能夠應用到學生的本義的活動和部分的自發活動裡。透過這一途徑，可以發現表示學生普通的智力行為的心理考試方法（和「測驗」不一樣）。

所有和學校考試的價值相關的方面都說過了，但這種對各級教育的真正禍害（這些詞並不大強烈）繼續在對正常的師生關係進行著破壞，還影響了師生的工作樂趣和彼此間的信任。通常來說考試有兩種主要的弊病：事實上，不會得到客觀的結果；為了考試而考試（另外，甚至還經常將入學考試視為目標的考試：比如升入中學的入學考試成為了小學教育的目標）。學校考試並不是客觀的，首要原因是它總會包含一定的僥倖成分，特別它還主要依賴的不是學生的創造能力，是記憶而不是創造能力（彷彿斷定學生一旦離開學校，就再也不會使用他

的課本了）。每個人都可以作證，利用考試結果而評定出的等級，很少有和一個學生今後一生工作的成就相符的。學校的考試以考試的本身為目的，因為它是教師注意力的主宰，教師的工作不是在努力啟發學生的覺悟和智慧，也不是對學生的實際活動和個性予以關注，而是將學生的所有工作引向一個人為的結果——最後考試的成功。在社會的保守主義，有時甚至可以在競爭因素中找到支持考試的唯一解釋：高等學校在使用這種保護性措施，因此不得不推廣到初級和中級學校階段，比如在人們發現，有些國家在醫務職業要求當中，未來醫生有一門必考科目是希臘語，這門語言的考試會成為競爭的關卡時，不能用能力代替學校考試的想法由此產生。這種見解還不對考試的起因給出最充分的解釋，用殘存的「升級慣例」或入社儀式，其次用社會習俗中經常存在的手段及其作用之間的不一致等等，是更能相對簡單的說明考試的起因的。但是為了了解這樣一種制度被保持下來的原因，人們對其價值沒有產生任何錯覺，就必須在人們的無意識當中尋找原因。

這樣，求助於考試的心理學方法，就成為了讓中等教育權徹底公平的一個問題，以及必然的結果了。越來越多的國家已經意識到了這一點，而且現在還出現了一個組織學校心理學服務的運動，並為教師們進行心理學訓練。心理學家從他們的那個方面，無論是心理發展、能力差異還是研究方法上，都提供了很多的資料，可以為確定發展的水準和才能提供幫助。這類方法可能有用「測驗」進行考試，或者更精細、更靈活的分析程序。和一切科學方法一樣，它們也不是非常完善的，有待

於繼續修正、完善。不管怎樣，它們都不能代替對學生在學習期間所獲得的實際結果的分析（這種分析和學校考試是不一樣的），但它們確實要好於簡單的學校考試（並且通常來說，和學校的考試很不一樣），它們已經被越來越多的作為入學考試的方法，代替了學校的考試。

第二種定向程序，以學生在校期間所完成的實際工作為基礎。中學的第一階段（12～15歲）的課程，應該是以定向課程為主，即課程的組織讓分科，和從這一種分科向另一種分科過渡成為可能（在入學的3個月、6個月或者12個月以後）。建立在對學生及其實際工作的觀察之上的診斷和預測方法，確實是最可靠的。我們認為這是一種精細的方法，它有一個先決條件，就是教師和學校心理學家的長期合作。前者負責教學，後者的任務是對個別學生的成功和失敗的情況進行追蹤。不用說，只有和別的教育方法相連起來，價值才會出現。

如果教學只是授課，要求學生在「背誦」或「考試」中重複出來，並應用在事先確定好的練習當中，那麼從學生那裡得到的結果，和任何一種不考慮運氣成分的學校考試的結果相比，也很難有更多高的意義。只有教學方法是「活動的」，即學生的主動性和自發努力所占的比重越來越大，所獲得的結果才是越來越有意義的。可以說後面的這種情況是一種更可靠也是更扎實的，幾乎可以稱得上是一種連續的心理學考試。這和那種只是建立在一時性取樣、不考慮別的所有的考試形式有很大區別。但是，需要強調的是，只有緊密結合教育學分析和心理學分析（心理學分析由學校心理學家或獲得過充分的心理學技術

訓練的教師進行），才能獲得最滿意的結果。

　　一旦將這些心理測驗的結果結合對個體活動的追蹤作為依據對學生進行定向，就有可能得到明確的指示，讓學生得以在不同的中學分支中將自己的中學學習完成，將不一樣的職業課，並為進入高等學校學習做好準備。

三、父母有為自己的孩子選擇所受教育的優先權

　　根據我們的第 26 條第 3 節，我們剛剛介紹的學校指導方針有一個不言而喻的前提條件：為家長們所認可。但是將整個人類社會歷史所顯示的一種家庭的範圍和權利的不斷減小（從「氏族」到父系氏族，再到族長家庭等等），以及國家的權力在相應的不斷擴大，是有益處的，這一點在教育方面也是同樣存在的，首先是宗族年長者的絕對權力，接下來是一家之長的權力，最後是近幾個世紀以來的父母的權力，這些權力越來越受到教育規章的限制，這些規章並非總是不利於兒童的。所以，在現在的形勢下，對國家和家庭同時提出的一些新方法的實際情況進行分析，還是有幫助的。

　　首先，也和其他一切事情一樣，家長當中有優秀的，也有並不是非常好的。對後者的願望進行反抗對保護兒童是有益處的。家長中有聰明而又見多識廣的，也有才能落後低下的，比

如那得了疾病還不去找醫生或者按照醫囑治病的家長，對於這樣的家長來說，在教育上就談不上心理學家和新的教學法……知道如何和這一類型的家長打交道是最重要的問題。他們都是非常善良的人，一心想為自己的孩子們好，但是因為無知或者因循守舊，他們卻對那些真正對孩子們有益處的東西表示反對。

　　大多數的新教育實踐者們都有過這樣的經驗：在教學中使用活動法，家長們通常都是最大的障礙，這裡有結合在一起而又好理解的兩個理由。第一，如果某個家長認可廣為人知、慣用已久的教育方法，他就會對這一觀點深感不安，按照通常的說法，他會覺得自己的孩子可能充當了試驗品或「白老鼠」（彷彿傳統學校裡的課本、課程或教師的變化就不是一種「實驗」）。第二，在所有教育階段，甚至包括學前家庭教育階段，他們的孩子都不可以表現得「落後」，這是家長們最主要的憂慮：嬰兒在某個月時也應該學會走路了，即使冒著膝關節受傷的危險，幼兒園的兒童在某歲時，就應該知道讀書，數數能夠數到 20。而那些警惕不要揠苗助長，要將對每個人最寶貴的起始階段建成打好最牢固基礎的階段的一切告誡，卻都遭遇了冷落。於是，在家長們看來，保證為今後整個學習奠定實際基礎所必需的擺弄和建構性的多種多樣的活動，就是無用的浪費，還是時間上損失，認為這是在整個社會都期待這個初涉人世的人應該掌握讀和數到 20 的階段，卻被浪費了的寶貴的時間！而且在以後的每個新階段中也是這樣……

　　關於中學生的定向，教師或者指導心理學家的建議，和家

長的願望之間出現衝突是非常自然的。這也完全不意味著，家長總是對定向分類的實驗者和能力診斷的專家幫助他們、為他們的孩子提供建議的努力無動於衷，然而家長的願望和學校或指導辦公室的建議之間的衝突仍然可能存在。這個問題怎樣才能解決呢？

雖然這些情況是人所共知的，我們的第 26 條還是將優先權授予家長們，讓家長們優先決定自己的孩子受哪種類型的教育。這樣做的原因是在一切已知的社會裡，即使家庭的結構出現了變化，但它還是構成社會生活的一個基本齒輪。所以，不管是什麼樣的家長，修養不好的、自身沒有受過足夠教育的，或者是很有教養的，家長教育完成得十分不錯的家長，都享有這種優先權。

在這個方面，如果「人人都有受教育的權利」，那麼家長自然也擁有這種權利，並且享有優先權。即使不是受教育，他們至少也有能被告知，甚至得到教導的權利，知道自己的孩子應該接受什麼樣的較好的教育。人們為了實現這一目標已經採用了兩種方法，它們都應該得到社會誠摯的支持和鼓勵。

第一，人們已經創辦了協會，還組織了家庭教育會議，為了吸引家長對家庭內部的教育問題（有意識的、無意識的感情衝突等等）要提起注意，同時也將一般的教育和教學問題介紹給家長。有些國家甚至還發行了一些和這類問題相關的心理學和教育學刊物，對外行的人們進行指導。

其次，尤其是那些在新教育占有重要地位的地方，家庭和學校之間的雙邊合作活動已經推展了起來。這種活動已經被證

實具有無法估量的價值，而且對雙方都是很有益處的。學校透過對家長的反應進行了解，確實可以獲得很多的東西，研究學校的問題將家長接納進來，也會帶來更多的好處。所以教師和家長之間經常的、緊密的連結，可以帶來比互相交流資訊多得多的東西。這種相互交流是互利的，而且常常會引發方法上獲得真正的改進。促進學校接近生活，或者說促進家長關心子女的職業，並且也關心學校的事情，於是能夠得到一種責任的分擔。在有些國家，教師和家長意見的結合構成了鼓舞新教育的真正力量，還將家庭和學校之間的希望結合在了一起。

四、教育應該指向人的個性的充分發展，並加強對人權和基本自由的尊重

《人權普遍宣言》第 26 條並沒有只局限於對教育權的確認。第 26 條以和這種確認同樣重要的評論，將這種教育應該具有的基本目的闡述了出來。非常明顯，這個決定在可能賦予一切公立的或私立的教育機關的兩種職能之間存在一種選擇，或者至少是一致的要求。事實上，從社會的角度來看，人們可能要提出一個先決的問題，也就是教育的功能，是必須讓個性獲得充分的發展，還是首先甚至完全按照前一代人的模式，對個體進行塑造，好能夠保持集體的價值。在原始社會的階段，一個年輕人處在情緒緊張而神祕的敬畏氣氛裡，經過持續幾個月之久的成人儀式，接受了這種會對其不受拘束的兒童心理進

行改變的神祕，已經具備了這種知識時，就獲得了參加成人社會活動的許可。很明顯，這種教育的主要目的並非讓個性獲得充分的發展，而是正好相反，是讓個人遵守社會習俗，對集體的標準是完全順從的態度。可能有人會問，如果是在一所傳統學校當中，學生對教師的道德和知識威信進行服從，記住期末考試中獲得成功所必需的知識總量就是學生的職責，那麼這並沒有構成在功能上和前面所提到的成人儀式接近的社會情境，而且指向了同一個普遍的目的：迫使年輕一代服從為人們所共同接受的全部真理，也就是那些曾經確保先輩團結在一起的集體價值和標準。宣告教育的目的應該是全面發展個性，就是首先對學校應該和那種傳統的模式有所區別予以肯定，同時在個體個性的形成與發展，和他同時作為一個有社會價值的人參加集體生活這兩者之間並不是不可以共存，而是還可以非常和諧。

不過，個性的發展指的是什麼呢？特別是透過什麼樣的教育方法，才能夠實現呢？因為這種「全面發展」並非一切已知教育形式的最終目的，它不僅代表了一種和遵循習俗的教育目的相反的需求，還代表了一種符合教育集體目的的理想。

第 26 條條文並沒有下一個個性的定義。但是它明確的指出，作為回報，個性的發展伴隨著尊重別人的權利和自由。這樣精確的表述其實很接近於贅述，不過確實非常重要。將個性定義為互相一致，就能夠獲得一個完整的個性概念。從心理學和社會學的觀點看，有必要將個體和個性進行一下區分。個體以其自身為中心，他在道德或理智上的自我中心狀態會對文明

社會生活固有的相互關係形成障礙。相反，人則是指可以自覺的接受某種紀律，或者對某種規章表示贊成，並自願表示服從相互的規範體系，讓自己的自由從屬於對他人的自由表示尊重的個體。所以個性是智力和道德意識的一定形式，是在外部壓力的作用下，被迫從自己的自我中心狀態所固有的混亂當中擺脫出來。個性獲得自身的獨立，是透過調整相互的關係。一句話概括，個性因為是自主的，所以既和無政府主義相反，又和強制相反，而這樣的兩種自主，只有透過調整相互關係才能保持。概括一下就是，「以充分發展人的個性和加強尊重人權和基本自由為目的的教育」，就是造就可以在智力上和道德上實現，並且能夠對他人自主權表示尊重的人。這正是遵循對人們有法律效力的相互規律來展現的。

由這樣的教育目的產生的教學法問題，又將中心問題重新引向稱作「活動」學校的整個運動。自主個性的形成，是否可以透過包含不同程度的智力和道德上的強制的技術來實現呢？或者說，既然形成個性，的確需要在社會環境中一種自由自發的、基於合作而非屈從的活動，那麼，在使用術語上是不是有矛盾呢？對一切教育中的這個主要問題進行考察是適宜的，第26條的主張和含義就完全取決於如何回答這個問題。它的表達十分明確：教育權並不只是上學的權利，就教育的目的是充分發展個性而言，也是在這些學校當中，發現並建立一種活躍的理智和端正的道德意識所必需的東西的權利。

從充分發展個性的角度看，是不是可以說傳統學校的方法，在兒童和年輕人的積極和獨立的理智形成上獲得了成

功呢？

　　學生從傳統的學校獲得了相當可觀的知識，並獲得了將知識應用於各種問題或練習的機會。這對學生的心智具有豐富的作用，並像人們所說的，使其可以獲得加強和發展「智力訓練」。如果這種學習被遺忘了（大家都清楚的，在中學結束的5年、10年或者20年後，這種學習所保持的東西就沒有多少了），至少也讓人在智力的訓練上得到了滿足；忘記了餘弦的定義、拉丁語第四動詞的變換規則或者軍事史上的重大日期，並沒有什麼關係，重要的是這些都曾經知道的。活動學校的擁護者們會這樣答覆，如果透過強制學習獲得的知識所剩無幾，那麼教學大綱的範圍就沒有工作性質重要了。在學生自發的努力、自由的探索下獲得的某種知識，會是可以長久保持的。學生由此獲得了一種受益終生的方法，他的好奇心也會因此擴大，還學會了獨立推理，以及自由的形成自己的思想，而沒有讓他的記憶強於推理，或者被外界強加的練習抑制了自己的智慧。

　　我們不相信只是透過討論，就可以將這樣的爭論解決，或者教育學不過是「批准的意見」的事情。教育技巧和藥學技術類似，是一種如果不具備特殊的「才能」就無法實踐的技術，它必須滿足一個先決條件：擁有對所培育的人類的精確而又經過實驗的知識。它和醫生們的解剖學與生理學知識不一樣，是心理學的知識。這種知識同樣是不可或缺的，而且活動學校的問題的解決或理智的形成，正好以最直接的方式依賴著它。心理學上和推理運算的發展、基本觀念的獲得與建構有關的研

究，為活動法提供了有利的論據，並且具有決定性的意義。這些論據要求對智力教學進行改革，並且比很多活動學校的擁護者們所想像的更激進。邏輯運算雖然對因為成熟才能相繼活動的神經機制（人腦的最新部位要到童年末期才會發揮作用）比較依賴，這些邏輯運算只有透過不只是限於口頭的，特別主要的是作用在客體的動作和實驗相連結的某種練習才能建構起來，並獲得其整體的結構。

　　嚴格意義上來說，一種運算就是一個動作，但是，它是內化了的動作，並根據組合的準確結構而與同一類型的其他動作協調的動作。另外，這些運算並非個體所獨有的，而需要人們彼此之間進行交換和合作。那麼學生像成人聽報告那樣，聽最出色的課程，持續幾年的時間，是不是就能夠在兒童和青少年中產生邏輯呢？或者說，真正的形成一種理智的工具，是否還需要一種主動的和實驗的探究的團體環境，還有共同的討論呢？

　　初等數學的教學（在小學和中學裡）可以作為這種基本教育學問題的典型例子。教師們正是在這一點上遭遇了最大的困難。無論他們的教學優點是什麼樣的，他們在習慣的作用下不得不使用非活動法，結果是出現了眾所周知的困難。一件人所共知的事實是，在別的方面全都正常的班級裡，掌握了數學的只有一部分學生，而這一部分學生並非一定是在別的學科表現出才華的學生。人們有時認為，理解了初等數學，乃是一種特殊能力的標記，因此是否具備這種能力，就成為了成功與失敗的理由，卻沒有關心失敗是否可能來自於傳統教學法本身。數

學不過是一種邏輯，用最自然的方式擴展普通的邏輯，並構成了科學思想較為發達的一切形式的邏輯。所以數學上的失敗，顯示推理能力發展機制自身存在不足。在對我們學校當中可能占多數的學生以及過去大多數的學生做出這種重要的判斷之前（因為對自然科學並不精通的大多數成人來說，數學又保留下了什麼），人們一定會問：方法確定沒有責任？

事實上有一點令人奇怪，任何一個人都相信（由於一種既不是由學校當局也不是由教師創造的傳統，它在整個教學中有很大的影響），正確的教授數學是知道它就可以了，不用考慮這些概念是如何在兒童思想中建立起來的。當然教師努力的做到直覺、具體等，甚至在數學的發展史上獲得啟發和鼓勵，彷彿從歐幾里得的時代到現在，數學的發展和實際的運算過程的心理建構的階段是一致的。但是，教師對這種心理建構並不關心。

透過研究兒童和青少年的自發數學才能發展的心理，我們能夠總結出一系列重要的教學意見。

第一，當學生還沒有發覺所提出的問題實際上和數學有關的時候（比如在具體實驗過程中，以逆運算的形式出現的比例、符號及法則或絕對速度，甚至相對速度的問題，等等），學生解決問題，就只會用普通智力，而不會用各人的特殊（並沒有將這類才能排除，但是它們彷彿並沒有產生決定性的作用）。尤其經常可以發現有些學生，儘管他的算術課表現十分一般，但是如果問題是以他們感興趣的某種活動的方式出現時，他們的表現足以證明他們是具備理解力的，甚至還有發明

的精神。他們處在用抽象的方式來解答問題的學校情境中（也就是說，並沒有連結上某種實際的需求），表現總是顯得非常被動，而且還很笨拙。他們還會總覺得自己能力不行，打算中途輟學，從自己心裡就認定自己已經失敗。這些被認為數學比較差的學生，如果問題來自實際情境，並和他們的其他興趣有關的時候，他們就會表現出了完全不一樣的態度。兒童憑藉個人的智力而獲得成功，這好像涉及一般智力的問題。由此我們能夠得出第一個基本的解答，即如果對學生感興趣的活動進行關注，並用這一方法將他們在學習這門學科時經常產生的自卑情緒消除，那麼，任何一個正常的學生，都是具備不錯的數學推理能力的。從整體的角度來看大部分的數學課，差別就是要求學生接受來自外面的、已經徹底組織好的智力訓練，無論他們理解還是不理解，還是在自發活動的情況下，要求他們自己去探索發現各種概念和關係，並對它們進行再次創造，直到他們可以愉快的接受指導和教授。

　　第二，關於數學和物理概念發展，我們已經進行了一些實驗，結果顯示，在這樣的學科裡，兒童之所以會較為被動，其中一個基本原因是沒有為兒童自由發展智力提供應有的機會，而在邏輯問題與數字或度量因素當中，又有分離不足的情況。比如面對一個速度問題，學生必須同時要對所用的時間和經過的距離進行推理，還要用代表這些數量的數字進行計算。當還沒有確定問題的邏輯結構時，數字上的思考就不存在意義，而相反還讓各成分之間的關係變得模糊了。因為問題正好要依據這些數字，因此兒童通常的做法就是摸索著用他們知道的各

種運算方法，展開各式各樣的計算，這樣的做法對他們的推理能力發展，實際上會構成阻礙。這裡又是錯誤的例子，大膽的相信了兒童的天生邏輯，而事實是，兒童的邏輯是在活動中一步一步的建立起來的。和這個正相反的是，一旦分開這兩種因素，人們就可以更加穩妥的前進，將數學教學真正的目的徹底實現：演繹能力的充分發展，比如，這是容易的事，給 10～12 歲兒童提出甚至是複雜的速度問題（比如兩個運動物體的速度的合成，一個對另一個的移動，一架傾斜飛機的加速度等等），沒有具體的數字，只是透過簡單的邏輯關係進行推理（只有「多於」和「少於」，而沒有「多少」上，即用亞里斯多德推理速度問題的方式）。因為不再有計算的煩惱，兒童就在玩的過程中，愉快而積極的建構了一切邏輯關係，還形成了靈活準確甚至敏銳的運算機制。一旦形成這些機制，再引入含有其他新意義的資料也是有可能的。採用這種方式好像失去了大量的時間，但是歸根到底，還是贏得了更多的時間，還讓個人的活動更加豐富了。

第三，和兒童邏輯與數學概念有關的心理學研究已經顯示，存在著一種和這些概念相關的、明顯、自發的發展。這種發展和社會環境（一切思維都需要的刺激）並不是沒有無交流，而和學校或家庭裡所學得的嚴格意義的知識是部分的沒有關係的。這樣，作為基本的例子，兒童直到一定的年齡，還會認為一個物體的形狀改變了（比如橡皮泥球），物質的量、質量或體積也就改變了。透過邏輯協調的獨立工作，他從通常意想不到的初始狀態開始，達到認為需要保持量的守恆（7～

8歲)、質量的守恆(9 ～ 10歲)和物體體積的守恆(11 ～ 12歲)。兒童以他自己的特定方式,將自己的基本幾何概念建立起來,這也是真實的。無論誰都不會懷疑兒童心理上的這些邏輯的和數學的轉變。這種自發智力的轉化遠比人們想像的豐富,而且還闡釋了一個十分明確的發展規律:在獲得一種度量性質之前,一切的數學概念,都是從量的建構開始。尤其是在空間的領域裡,最初兒童的表象受到的遊戲中知覺計量關係的影響,要少於人們想像的;相反,它從被數學家們稱為拓撲學關係的類型開始,要比歐幾里得幾何早(這從現代數學的觀點看,也是非常有趣的)。所以,要根據實際發展的心理學論據,從整體上調整數學的方法做整體,大大的提高兒童的自主活動。

第四,這是對前面所闡述的內容的一個概括。過去教數學,彷彿只是透過一種抽象語言,甚至是一種特殊的運算元號的語言,就能夠理解全部真理的問題。數學,首先的和最重要的是作用在物體上的動作,再說運算自身也都是動作,但是它們之間非常協調,而且完全是靠想像,不必再有肉體上的行動。毫無疑問,一定要達到抽象化,而且這在青少年心理發展的過程中,在任何一個領域裡都是自然的。但是抽象化如果沒有成為先前一系列持續的具體動作的完美階段,就不過是一種心智的假象和偏差,所以,正規教育最主要的失敗原因,就是人們是從語言開始(伴隨著想像、描述或繪圖的動作等等),而沒有從真正的實際動作開始。數學的教學,應該從幼兒園階段就進行準備,透過一系列針對邏輯和數學的集合、面積、長

度等的設計活動，為數學教學的開始做準備，並且在整個小學教育的過程中，這一類型的實際動作應該以非常系統的方式，持續的得到豐富和發展，好能夠從中學開始，逐漸的朝物理和基本力學的實驗過渡。

我只需要舉一個例子，誰都理解中學生（甚至大學生）在理解代數符號規則時遇到的困難：負數乘以負數，得到一個正數。但是 7 到 8 歲兒童在活動中，透過不一樣的形式，早就發現了這一符號規則。一根細鐵桿上穿著三個小珠，在一小塊螢幕後倒轉了以後（能看到鐵桿的運動，但是看不到小珠的運動），兒童就知道了小珠的順序從 ABC 變成 CBA 了。他們隨後還會知道，一旦倒轉進行了兩次，順序就會再次變回 ABC，倒轉三次就會變成 CBA 等等。這樣，他們雖然沒有理解，但是發現了表示兩個方向上的反演彼此相互抵消的組合規律，換句話說，就是「負數乘以負數，得到一個正數」。不過在他們到了 15 歲或 16 歲時，經過學習知道了代數運算，但是除非他們認知到它們是這種形式的動作的發展，否則，他們就不能對代數運算有更多的理解了。

我們強調了這個數學的例子，因為在傳統的教學實踐裡，人類個性充分發展的空間是不存在的，否則，確保智力自主的邏輯和推理工具的掌握，實現的可能性就更大了。在傳統教學裡中，它們始終是阻礙重重。對於成人來說，比清楚如何求助於兒童或青少年的真正的自發活動更加困難的事是不存在的。但是，只有這樣的活動才能帶來智力上的自主，由教師進行引導並持續激發，而學生則在探索、試驗以及犯錯的過程中保

持自由。不是因為知道畢氏定理，而是發現了它的存在及其論證，才保證了個人的推理能力的自由練習。智育的目的，並不在於理解如何保存和重複現成的真理，因為一種複製的真理，最多只能算是半個真理。要透過自己本身用去大量的時間，並經歷實際活動的所有迂迴的道路，去學會真正的掌握真理。

　　如果要提醒數學教學法對上述的情況予以關注，那麼要求語言、地理、歷史、自然科學的教學求助於活動也是有非常多的理由的，即在任何一個領域當中，事實性的知識若不是發揮發現過程的作用，就不存在價值。但是個性的充分發展，就其屬於的智力方面來說而言，是與構成學校生活的情感和社會道德的關係的整體無法分開的（我們前面已經說明，因為數學上的失敗，學生的推理經常被這種情緒所抑制）。乍一看，個性發展彷彿特別依賴於情緒因素，而且讀者對我們從邏輯和數學出發闡明個性的自由發展這個基本概念的做法，說不定已經覺得驚奇了。事實上，教育構成了一個無法割裂的整體，如果個體被一種智力所限制，以至於不靠死記硬背的學習就不行，而不能自己去探索發現真理，那麼在道德領域裡，也是無法形成自主的個性的。假如學生在智力上是被動的，那麼他們將無法知道什麼才是道德上的自由。相反假如他們的道德準則徹底的屈從於成人的權威，組成班級生活的唯一社會關係，只是每個學生都對一位擁有所有權力的教師表示服從，那麼他們將也無法理解在智力上應該怎樣主動。

　　此外，唯一能夠讓個性發展的智力方面的所謂的「活動」方法，它們是不是一定要以一種集體環境為前提，同時作為個

性的道德方面的形成因素，又要成為有組織的智力交流的泉源？如果沒有個人之間的自由合作，即在學生之間，而不只是在教師和學生之間的合作，實際上，在實驗動作和自發探索形式下的真正的智力活動就無法進行。智力活動不僅只是以持續的相互刺激為條件，互相控制和鍛鍊批評的精神更加重要。只有這樣，才能讓個體變得客觀，並有證明事物的需求。事實上，邏輯運算總是「合作」，還包含了智力的相互關係的協調，還有道德和理智雙方的合作。但是，傳統學校所承認的只是和教師有關係的社會交流，絕對的統治者教師在理智、真理還有道德上，對每個學生進行個別的控制。就這樣，學生之間的合作甚至包括他們之間的直接交流被排除在課堂工作還有家庭作業以外了（因為評分和考試的氣氛……）。相反，在活動學校裡，共同工作作為先決條件，交替進行個人的工作和團體的工作，因為團體生活對個性的各方面，尤其是智力方面的發展是必不可少的，這一點已經獲得了證明。很多國家已經設計出了一整套「班組學習」的技術，只是名稱各不相同。這只是一個小例子。前不久，我們和德可羅利共同參觀他們的一所學校，我們有了一個意外的發現，幾個公立中學的學生在一間偏僻的教室裡學習一個解析幾何學問題，有的在單獨學習，有的在集體學習。他們的討論讓我不禁回憶起我在這個年齡時，這個學科裡讓我十分頭痛的那幾個概念，不是由哪個同伴為我解釋的，而是來自於學校生活之外，可以說是有點不怎麼正規。在這些小組當中，我親眼目睹了共同工作的方法是正常的，也是現實的。

　　道德教育的問題，和我們剛討論的和邏輯或數學教學相關的問題的確是平行的。造就出屈從於傳統和上一輩人的約束的人，這是我們所希望的嗎？如果答案是肯定的，教師的權威，德育課，再加上對這一尊奉行為進行強化的獎勵和懲罰制度就足夠用了。如果答案是肯定的，不僅有自由的道德心，對其他人的權利和自由也會很尊重的人，才是希望教育出的人嗎？那就非常明顯了，無論是教師的權威，還是教師就某個問題所能給出的最好的課程，都不足以讓這種既是獨立的又是相互的、生動活潑的關係。只有學生之間的一種社會生活，即形成一種盡可能大的、並和共同的智力工作平行的自治，這樣才能獲得個性的雙重發展，讓人們既是自己的主人，又彼此尊重。

　　自治的效果已經由許多教育實驗所證實，在自治不構成一種人為的強制方法，所以也就沒有引起矛盾的時候，這是符合整個學校的精神的。另外有很多心理學的研究已經將各種權威之間的關係，成人和兒童之間或者兒童互相之間的各自的影響明確的指了出來。這些在第二次世界大戰之前進行的心理學和教育學的實驗曾經發現，在戰後出現的「兒童村」的悲慘環境裡面，的確有一種真正鼓舞人心的復甦存在：也許因為共同的不幸而生活在一起的兒童們的小社會，可以為我們目前提供對於人類較好未來是有希望的最可靠的理由。因為非常明顯，在由自由和友愛所形成的社會環境裡，有一種更新的可能性（即自願承擔的責任，而非順從）存在。

　　我們剛才已經承認，個性的互相連結方面是互利和自主。以還沒有達到個性狀態的個體來說，其特點是一切規則都不

懂，並在他和物理與社會環境的相互關係裡面，以他自己為中心；而那些個性已經形成的人，卻可以將自己的自我放在和別人的自我的相互關係的真正的觀點中，即他將自己的自我，放進了一個同時具有自主訓練和自己的活動的、基本非中心化的互助關係的系統裡。所以德育的兩個基本問題由此產生：確保這種非中心化；將這種訓練建立起來。但是教育者有什麼可以實現這一雙重的目標呢？要麼從兒童心理本性入手，要麼利用兒童和其周圍的別的人之間的關係的建立。

　　最先在兒童的心理結構中發現了三種能夠對兒童道德生活產生影響的情感或情緒傾向。首先是一種愛的需求，各種形式的它在嬰兒期到青少年期的發展過程中發揮著主要的作用。其次是一種對那些大於自己、強於自己的人的畏懼感，這在他的服從和信奉行為中發揮了不可忽視的作用，在幾種道德教育制度中，也有著不同程度的應用。最後一種是混合的情感，由愛和恐懼組成，這是一切道德學家們尤其強調的、在培養道德意識方面十分重要的情感。對於一部分人來說，尊敬構成的這種情感狀態是十分獨特的，就像愛和恨一樣，它得有別的人作為對象，不過它直接依附於這些人所表現出來的道德價值或規則。對一個人表示尊重，轉化為對他本人表現的道德規則（康德）表示尊重，或者是對他所代表和使用的紀律表示尊重（涂爾幹）。和我們有關聯的其他作者認為尊敬雖然可以第二次獲得較高的形式，但是它首先和前面兩種情感相同，是一種個人對個人的情感，在開始時具有小孩對父母和別的成人的一般愛和畏懼混合的感情（在衝突和失望還沒有讓這些原始態度產生

差別以前）。

　　在道德感情的形成過程中，兒童和他周圍的各式各樣的人之間的關係發揮著主要的作用，但需要強調的，則是剛才區分過的三種不同情感傾向之一。實際上非常重要的是，要理解兒童是具備完成一種道德意識或「實際推理」所必需的所有成分的。和智力意識或推理的情況相同，在心理開始發展的時候，這兩者都不是先天因素，換言之都不是現成的，都是形成於和社會環境密切的連結當中。所以，兒童與其所依賴的人之間的關係是培養性的，而且對甚至最基本的道德實在的建構，發揮著深遠的影響，而且產生作用的方式，還被認為是某種較為偶然的方式。

　　第一種類型的關係會產生一種責任感，幼小的兒童在接受最初的任務，並感到自己必須遵行時，會產生並伴隨的一種感情。試想，一個連母語的第一個詞都還沒有掌握的嬰兒，還處在任何的事情都是自發的和遊戲的年齡階段，會接受命令，並覺得自己對它們負有責任（他們對命令是執行還是違反，他們面對成人感到自己有罪或不安）嗎？如果是這樣的，那麼會讓人們留下深刻的印象並感到驚奇的就是，這是從什麼地方出現的呢？正像人們所指出的，義務感只要同時具備兩個條件就可以產生。第一個條件，就是兒童接受別人的命令或禁止（不要說謊，不要自己上街等等）。為什麼這樣的一些規則會為他們所接受，而沒有忽視呢（就像當有人講使他們厭煩的故事時，他們習慣的知道該做出怎樣的反應）？這種接受並非簡單的是強烈意志的結果，如果只是恐懼規則，並不足以逼著他們接

受，而是只會引起一種純外在的服從，只是一種利害關係（比如服從的目的是免遭懲罰）。要對這一事實進行合理的解釋，還存在一種內部的接受，並作為一種結果，也就是責任感。這裡第二個條件出現了，並且也是上面講到的和兒童自發傾向有關的三種因素之一。一個命令只有來自一個為他所尊敬的人，才會被接受，責任感也會由此產生，即這個人是兼具愛和畏懼情感的對象，而不是只具有這兩種情感狀態中的一種的人。就是這樣，幼小的兒童才不會對他們所愛的兄弟的命令表示順從，也會對一個他們只有懼怕的陌生人的命令表示順從，而會對母親或父親的命令表示服從，並且還會不斷感受到要服從，即使有時候兒童也會出現反抗。在形成道德情操的過程中，這種最初的關係類型無疑是最早出現的，其影響力可以說貫穿了整個兒童時期，超越了其他一切關係。道德教育採取哪種類型，也由它決定。

如果人們立刻覺察到道德關係是最早形成的重要性，就會看到，我們現在所具備的道德關係，是遠遠不夠的。小孩對成人尊重的這種歸順和服從的根源，基本上始終是單方面的，因為如果成人尊重孩子，那意思就完全不一樣了（成人不可能覺得輪到自己必須服從小孩的命令和指示，他們不管怎樣都不會碰到的，也不會接受，無論是什麼形式）。正因為是單方面的，所以這種最初的尊敬方式首先表現為一種依賴。兒童在成長的過程中毫無疑問會發現，是成人讓自己服從他的指示，或者成人至少是努力在這樣做，但是事實上也不一定每次都能實現目的。孩子遲早會感覺到這樣的規則，是高於他們所尊重的

人的。另外兒童遲早還會感覺到，自己接受的命令不僅是繁多的，往往還是相互矛盾的，自己必須要進行選擇。然而如果始終沒有一種外在道德行為的來源，而只是靠單方面的尊敬，他們將始終保持他們在最初的情況：一種工具，一種屈從於現成的規則、屈從於其起源在接受者之外的規則的工具。

在道德價值形成的個體之間的關係的另一端，情況則不一樣，那裡是相互尊敬的。它形成於兩個平等的個人之間，將所有的權威排除。相互尊敬還是混合了愛和懼怕的產物，但是只將「怕」降低自己在夥伴眼中聲譽的那一部分保留了下來。所以，這是用必須本身產生作用，並且事實上，能夠看出遵守者參加了所遵守的規則制定的、一種自主來代替單方面尊敬的不自主的特徵。互相的尊敬也是服從的根源之一，但是它導致了一種全新的、再也不是服從嚴格的現成規則的義務，而且引起允許制定規則的方法本身。這種方法只可能是相互的，不再被理解為嚴格的、區分好壞之間的守則，而是觀點和行為的互相合作。

但是，如果我們從已經認知到的道德個性教育所必需的自我的擺脫中心化，和建立這種自主紀律的雙重觀點出發，單方面的尊敬和相互的尊敬，這兩種力量具備怎樣的效果呢？很明顯，它們和我們前面所談到的個性的智力方面的教育情況，是完全平行的。事實上，建立在權威之上和只是單方面尊敬之上的教育，無論是從道德的觀點，還是從智力的觀點來看，都存在同樣的缺點。這種教育並不是對個體進行引導，讓他們制定將要迫使他們遵守的紀律和規則，或者和別人共同來改變

它們，而是將一系列現成的、直接的絕對命令強加在他們的頭上。但是，信奉一種智力真理是因為某種外來的原因，即沒有對它進行再發現和再證明，這同樣也是存在矛盾的。所以人們不禁會問，沒有透過一種自主的方法而認知到了某種責任，這是否會導致某種道德上的反覆無常存在？

事實上，人們已經對這樣一個課題廣泛的使用了不一樣的方法，搜集到了大量的無心理學論據。一些和兒童行為相關的研究，首先讓兒童對權威服從，或者反過來，讓兒童置於自洽的小組裡面，然後在他們對新情境已經適應之前交換環境，透過這種方法對兒童道德判斷的發展進行研究，對兒童和雙親間的情緒衝突，或者「超我」的作用，也就是雙親權威的無意識的固執進行分析等等。這些五花八門的研究結果是一致的：忍受來自外界的紀律，要麼將整個道德個性扼殺，要麼對道德個性的形成形成阻礙。

正像一個學生可以對課文並不理解就能背誦課文一樣，理性活動是可以被咬文嚼字代替的，同樣，一個兒童服從只不過是一種外在的遵循慣例的精神，其實實際上他既不懂他所遵循的規則真正的意義是什麼，也不懂得去適應它們的可能性，或者不一樣的情況裡需要重新制定。過去在對不同年齡的兒童對撒謊如何理解，以及如何對不一樣類型的撒謊予以道德評價的研究，讓我們留下了強烈的印象：兒童在道德方面的反應，和他們在智力性質上的不理解極為相似。因此對於七、八歲以下的兒童來說，對大人撒謊的惡劣程度要高於對同伴撒謊（因為禁止撒謊的命令是來自成人），並且衡量一個謊言的嚴重性，

用的是客觀、具體的欺騙程度，而非撒謊的動機。一個兒童誇張的說自己看見了一隻大得像小牛的狗，和撒謊自己在學習上得了好分數相比，前者這個「謊話更大」，因為後者有可能是真的（準確的說，「家長會相信它」）。誠實的準則是在理解以前就作為一種責任予以接受，即在經歷真實的和相互的社會經驗之前，就形成了一種「道德的具體化」（回憶法律上的教條主義的原始形式的「客觀責任」）。但是，因為社會的生活和相互的經驗存在，兒童一旦對誠實的準則進行了重新的思考，就會變得可以對他們的問題進行敏銳的評價。

互相尊重還有建立在兒童之間的自發的社會組織上的方法的教育意義，正是在於允許兒童在活動進行制定一套紀律，其必要性是在活動自身裡發現的，而非在不能夠理解之前，就作為現成的紀律予以接受了。這就是活動法在德育中發揮了和在智育中一樣的、無可替代的作用的原因，它引導兒童自己建構從內部對自己進行改變的工具，也就是真實的，而不再只是流於表面的。

簡單的推理或理論心理學的問題並不是最好的論證，不斷豐富的自治教育的教育實驗才是。人們第二次世界大戰前就展開了足夠多的實驗，好可以得出具有價值的評價。不過有一點應該承認，那時候的大部分實驗受到的是著名教育家的思想激發，而非生活的需求。在大眾眼中這不過是一種理論，或者至少是一種例外，是和那些環境極為優越的學校有關的例外（比如私立學校的寄宿生，就不存在經濟困難，有沒有明確的必修課程）。

我們在 1930 年和 1935 年參觀了一所並不存在這些特點的學校，這所學校為我們留下的印象極為深刻。這所學校位於一個東歐國家，是為少年罪犯建立的，那位領導這所學校的人令人佩服，他非常大膽的給予他所管理的兒童和青少年充分的信任，讓他們管理學校的紀律，還讓最難管的分子負責最嚴格的責任。這個實驗之所以讓人留下的印象特別深，是有兩個方面：利用年輕人自己的社會集體，對新來的人給予再教育；建立內部制裁（法庭）組織，完全由學生社團負責管理。就第一點來說，新來的人對於這一自主的制度會形成什麼印象，是很容易想像出來的。學校的規章制度是由同伴們的集體，而非成人們制定的，一個被發現犯了錯誤的兒童或青少年，接著接受由未成年人組成的刑事法庭按照尤其嚴厲的條例做出的懲罰。他會發現，自己面對的是一群年輕人，他們走在棄舊圖新、重新做人的道路上，他們形成了一個有組織的社會集體，並立刻對他表示歡迎，向他分配了一個有明確職責和責任的工作職位。這並不意味著讓他只和同等的人來往，而不和看管人員來往，個體馬上就能轉變，他也再也不會犯錯誤了。不過卓越的、領導這一機構的教育家最絕妙的發現，也是在這裡出現的：一旦參與到團體裡來，這些學生當中任意一個人的錯誤，就會由一個法庭進行審判，這個法庭完全由他的同伴組成。這個令人吃驚的法庭的審議和判決紀錄，保存在一本我可以看到的日誌裡（在我們一個助手的幫助下）。對於一個心理學家而言，再也沒有比這份文件更加吸引人的東西了。然而後來它在華沙一次戰役裡被毀掉了。這些自己也曾是少年犯的法官們，

他們對人道主義的理解以及細膩的評價，可以讓人感受到感動和鼓舞。

　　這裡我們應該明確的指出，道德教育最微妙的一個方面，正是關於懲罰的問題的。在道德教育中，作為個性形成因素的自主或互助方法和權威方法之間差別很大。懲罰的形式會對執行者的尊嚴造成損害，在兒童還沒有養成將懲罰的使用和實際行為與有充分道理的道德準則合在一起的習慣之前，他們會認為原則本身太不公平。而相反的透過相互關係，而非權威開創一種建立信心而非懲罰的方式，和完全的強制或全部的外部紀律相比，這種方式對道德個性的發展更為有利。

　　我們在兩次世界大戰裡知道的這個特殊經驗，後來重新進行了大範圍的實驗，被試是戰爭犧牲品的孤兒、被遺棄的兒童還有生活在那種可怕的環境裡的兒童。對他們而言，好惡之間的區分彷彿全都不見了。人們在各式各樣的教育傾向的環境中重新做了這些實驗，不論是義大利的牧師還是蘇聯的教育家，不論「支持者」是屬於哪一派的，每種情況下實驗的結果都是一樣的，這是因為兒童社會的社會學規律和個性發展的心理學規律是較為一致的（這和在不同的成人環境中使讓兒童的發展發生分化的各種關係完全不一樣）。

　　總而言之，不管這是一種關於理智和智力功能的教育問題，還是一種關於道德覺悟的教育問題，如果「教育權」的內容包含有以「人的個性的充分發展以及加強對人權和基本自由的尊重」為目的，那麼，知道使用任何通常的方法都無法達到這樣理想就非常重要了。無論是必須以這種發展作為前提的個

人的自主性，還是引起尊重其他人的權利和自由的相互關係，都無法在一種權威的和智力及道德受到限制的環境中獲得充分的發展；相反為了自身的形成，兩者都對實際經驗和研究自由有迫切的需求，除此之外，一切人類價值的獲得都不過是一種幻想。

五、教育應有利於增進一切國家、種族和宗教團體的理解、寬容和友誼，並促進聯合國維護和平的活動

　　教育家們面臨的最難處理的問題，其中一個就是上面論述的國際教育問題。和道德和智力形成的情況正好相反，在這一方面裡，可以認為成人所獲得的水準要比兒童高，所以可以提供給學生作為榜樣，然而我們還是不能就此認為現在實際的國際形勢就是一種完美的模式。在國際教育裡，一種適當技術的研究至少應在開始時，就將構成人類一般精神特點的那些困難考慮進來，它們對各社會集團間的關係問題，尤其是國際關係問題存在著制約。

　　這些困難並沒有妨礙那些擁有智慧的人們想像出一種特殊的教學，在所有為現在的國際組織所支持，並致力於維護和平的學校中，這種教學獲得了施行。這種教學的性質在於增進各國人民之間的諒解精神，並有效的服務於和平的目的。只要導

致相反結果的危險不存在，就不會有反對這種嘗試的意見。事實上，因為學生不知道造成這種差距的真正原因是什麼，從而讓事物的實際情況和追求的理想之間差距太大，再沒有比這更令人遺憾的事了。但是，誰真正的知道這些原因呢？

　　而且我們並不是在說不管是國際教育還是別的領域裡面，一切口頭教學都是沒有用的。它只有提前進行了活動的準備，並且在道德和社會性質的情況下，是一種態度的一部分的角色定位予以實施才會是有效的。按照上面所說的，假如一堂課是一種反應，那麼就完全有必要在反應之前進行和這種活動及這些態度有直接關係的提問了。和其他領域相比，在國際教育中這樣做的必要性更加凸顯。

　　我們可以透過比較來理解這個問題。讓一個學生成長為未來的好公民（他自己國家的好公民，還沒有說到世界的），最優的辦法是什麼樣的？是每年拿出一定的學時，簡單的替他上一門系統的公民教育課，一點點的為他講述國家機構的各不相同的活動方式，忽略教師的口才和善良的願望，讓他還是處在一個比較漠不關心的狀態呢，還是把這種訓練引入學校的自治經驗中，讓學生依靠自己的經驗來清楚執行委員會、州議會以及一個法庭都分別是什麼樣的（如果不進行這樣的類比，他自己一定是什麼都想像不出的），並可以讓他對類似於階梯的機構產生興趣呢？我們甚至認為，為了自治的實踐，犧牲公民教育課也是有必要的；和最完美的課程相比，自治更能造就出優秀的公民，而且如果沒有社會經驗的支持，這些課程的實際結果很可能價值極低（我們在這裡說話，並不是以教師的身分，

而是以一個老學生的身分，在這一方面上，我們的回憶是十分確切的）。

國際教育的問題，和剛才研究過的道德或智力教育問題有怎樣的不同呢？這些問題很相似，可能只是等級不一樣而已，但是這種等級上的差別是這樣的重要，以至於成人們都從來沒有能夠將民族之間的關係問題，也就是國家之間的互相教育實際解決。事實上，這些問題的確類似，因為它和智力、道德形成或國際教育有關，每個問題都是讓個體擺脫中心化，讓個體主動將主觀的或自我中心的態度放棄，從而將他引到相互關係和客觀性（這實際上是同義的）。只有在純智力的問題上，才能讓個人之間的觀點相對的協調起來（比如將不同觀察者的觀點連結在一起），並且在道德方面出現衝突時，也可以進行協調，否則相互連結和客觀性彷彿是民族感情和國際生活上，一種無法克服的困難。

在這方面，我要說兩點最基本的意見。首先，一般的社會現實，尤其是眼下的國際現實，是屬於我們懂得的最少的事物範圍的。對於我們來說，和不斷引起我們注意的社會和國際事實相比，談論星球的運動、物理和化學的現象是更容易的。實際上，如果將當代的社會現實與人類的過去進行比較，就會有一種相當新的東西出現；在我們每個國家的社會中，發生的每一個重大事件都立刻會在世界上引起迴響。集體現象的規模已經改變，它們所表現出的水準，更是完全彼此依存的。即使人們曾經人為的試圖執行自給自足的民族經濟和精神，但是實際上國家經濟已經不再存在，孤立的內部政治也是一樣，甚至限

於單一集團內的智力和道德的反應，也都不復存在了。這種看法雖然可能比較平庸，不過它還是符合一種情況。的確，我們的吸收同化還沒有獲得成功，我們還沒有習慣它。毫無疑問，我們會非常容易找到它的原因：從 20 世紀開始的技術和經濟的變革。兩次世界大戰才讓我們感受到了這種國家之間的相互依存，同時也讓我們理解到這種關係一旦失去了，要重新將團結或者說平衡建立起來，將會有多麼困難，同時還讓我們理解到，發生在民族之間的衝突，其實和發生在民族內部的衝突是非常相似的。

　　在心理學上，我們還沒有適應我們的社會狀態，這是為了設立一種國際教育，一開始就應該承認的一項基本事實，並且「我們」不只是指面對這複雜的、相互依賴的宇宙而迷了路的人類眾生，甚至還包括那些國務活動家們。就像瓦勒里（Valéry）在他的著作《注視當今世界》裡指出的那樣，當代的政治家基本都是在國際政治中擲骰子。不管他將來的行為路線是怎樣的，只要出現一個不在他的國家緊急保安範圍內的政治計畫，他就需要摸索著前進，並且經常會在自身行為的細節上出現自相矛盾，但是我們無法對這些行為的影響進行預料。不論是在道德上，還是在理智上，我們都沒能做到了解當今世界。我們還沒有找到有助於我們對社會現象進行協調的智力工具，也沒有找到允許我們按照內心的願望來控制社會現象的道德態度。

　　我們就好像一位被人類文化學者問的老愛斯基摩人：為什麼他的部落將一些習俗虔誠的保留了下來，他並不知道那是什麼意思，他的回答是：「我們將舊習慣保留下來，為的是讓宇

宙能夠繼續下去。」在原始人看來，宇宙是一部龐大的、不怎麼穩定的機器。在宇宙裡，一切東西都是和其他東西相連在一起的（社會習俗和物理規律是沒有互相分化的）。即使只動它的一個零件，甚至並不清楚這個零件有什麼作用，那麼整部機器都可能癱瘓。對於我們而言，社會宇宙和原始人心目中的整個宇宙有點像。我們推測有一種相對的和諧存在，一部正在運行或者已經損壞的整體機械，但是輪系我們不了解，所以我們懷疑，我們盡量的將一切都保留下來，有時恰恰這樣做可能就阻礙了良好的運轉。

所以關於國際問題，教育者的首要任務，是想辦法讓學生適應這樣一種沒有隱瞞任何複雜性的情境，這需要在兒童的內心形成一種精神工具。它並非一種新的習慣或者新的信仰，而是一種讓他們明白並自己發現道路的新方法和工具。說起智力工具，我們能夠引證科學，這是人類精神的最美好的適應之一，是一種理智對物質世界的勝利。那麼，它是如何獲得成功的呢？它並不只是知識或經驗的累積這麼簡單，遠不是這樣的，它透過建立一種協調的智力工具，讓理智可以將這樣那樣的事實相互連結在一起。從社會的角度來看，那正是我們需要的。這不只是提供給兒童一些和國際現實和機構有關的新知識，如果沒有同時創造一種特殊的態度，一種性質既是智力的又是道德的，對一切等級都具有價值的，還可以用來國際協調的工具，那麼這些知識就是一點用處都沒有的。

然而（這也是我們的第二點意見），對於智力的協調和道德的相互性的進步來說，最主要的障礙就是個體甚至集體意識裡

那些最自發的、根深蒂固的態度，即智力和情緒的自我中心狀態，可以在比較原始的和還沒有透過社會的相互作用擺脫中心化的每個個體的心裡找到。擺脫中心化是必要的，只有這樣，才能讓智力的和道德的社會中心狀態重新出現在集體的每個單位中。實際上，這是一種自然的在一切意識中扎根的態度，像透過對自發傾向的某種整體轉變一次就擺脫了是不可能的，因為它會在每次新的協調時再次出現。這種和「我」和「我們」有關的、必不可少的解放，也需要在智力和道德上相當的努力，並且以堅定的意志作為先決條件，有時甚至還得有一些些英雄主義。

我們之前引用的科學在這裡向我們顯示以自我為中心態度的根扎得有多深，想要將其在腦裡和心裡徹底清除，是多麼的難。思想還沒有能讓自己成功的適應外在的世界，而人類的精神還無法預見和解釋物理現象，除非它首先擺脫最初的自我中心狀態，但是，這種轉變的前景，看起來至少需要幾百年的努力。

這一點天文學史已經為我們清楚的揭示了出來。在最初的人類看來，太陽、月亮和星星就像掛在雲層和高山之上的小燈，這和它們在幼小兒童的眼裡是一樣的，我們走的時候，它們也跟著我們走，沒有固定的軌道。每個兒童遲早會想到，月亮是在跟著他走的，在少數幾個原始社會的說法中，人的運動支配了天體的運行軌道。古代迦勒底人和巴比倫人進步顯著，他們擺脫了最初的自我中心的觀點，認為天體具有一個規則的軌道，是和我們沒關係的。這一客觀性的勝利，又讓第二種形

式的自我中心狀態由此產生並成長，即先將地球視為一個極大的托盤，然後是一個半球，最後是一個完整的球體。而大部分的希臘學者還認為，天體在圍繞著這個所謂的宇宙中心進行旋轉。當然，這樣一種由亞里斯多德的理論體系所闡明的信仰，不能再和兒童覺得月亮在跟著他走的想法進行比較。但是，這一信仰也是由同一類型的幻想發展出來的。在哥白尼和牛頓將地球和太陽系之間的確切關係弄清楚之前，在人類的思想史上，這種信念也具有一定的影響力。客觀合作戰勝了人類自發的自我中心狀態，哥白尼的革命可以被視為其最明顯的象徵。可是，以自我為中心會再一次重新復活，以一種新的、更精練的形式。牛頓為了協調自己的宇宙理論，主張宇宙的每一點的時間和空間，都和我們的時鐘和地球計量器絕對等同。愛因斯坦在 200 年以後才告訴我們依賴於速度的時空的相對性，他創造了一種精確度超過古典力學的協調工具，並等待著別人將自己超越。

　　人們在這種發展裡能夠看出，假如在每一個新水準上，人類的思想都是逐漸擺脫一種特定的、事後看來好像有些原始或幼稚的自我中心的形態，然後每一次也都會再次陷入一種更加精細的自我中心狀態當中，整體的客觀性再一次被阻礙了。從社會的觀點來看，不用說也是一樣的。因為「我」、「我們」或它們的象徵以及它們的領域的擺脫中心化，還會遇到很多的障礙。每次為了集體的利益考慮，我們讓自己從「我」或「我們」中解放出來，看來這帶給我們的只有利他主義和慷慨大度，我們因此成為某種新的和潛伏性的偏差的犧牲品。它是無意識

的，同時還是更頑固的。由此看來，當國家的自我中心狀態、種族的自我中心狀態、階級的自我中心狀態還有更多的別的形式的、強有力的自我中心狀態共同的分割我們的精神，並在簡單的觀點錯覺和集體抑制帶來的謊言之間再加上一整套層次分明的錯誤時，在這樣的情況下，誰能將這種社會的或國際性的問題解決呢？

所以，非常明顯，國際教育不能只是在普通的課程之外，再加上一門只是針對目前的國際機構的課程。首先，整個教學一定要變為國際性的，不只是現代語言、歷史和地理這些國家之間的互相依存沒那麼明顯的領域，還應該包括文學和自然科學。全人類的共同努力常常在這兩門科目中被忽略了，社會衝突和技術作用也是一樣。整個教學只有為這種精神所滲透，我們才可以期待，我們條文裡提到的民族和宗教集團之間的理解精神和寬容精神不會變成一切排斥異己的敵人。應該如何從國際性的角度教授文明史、文學史還有科學史呢？

這種只有從一開始就使用一整套的活動法，將共同探討（以小組為單位進行學習）和學生自己的社會生活（自治）放在首要的位置上，研究國家和國際態度以及它們合作的困難，才會具有具體的意義，這以下面兩種觀點為基礎。

第一，國際生活是一個在完全不一樣水準上的舞臺，和整個社會生活一樣擁有相互的衝突，擁有眾多的不理解。一個國家對另一個國家的判斷的目光短淺簡直令人吃驚 —— 允許每個國家態度直率的對其他國家的態度進行指責，這種態度也同樣將自己行為的特徵表現了出來。不管是把自己放在和自身不

一樣觀點的角度還是其他哪個角度來看問題，都是各個階層的共同現象，而要想在國際水準上理解它們的重要性，就一定要透過實際經驗來發現。

第二，只要在學生中間將社會生活組織起來，就存在將其擴展到國際的交換或研究對象為國際問題的研究小組上的可能。校際通訊、國際旅遊團體（假期，甚至上課期間的學生交流）年輕人的互助俱樂部以及其他許多在兩次大戰中就已經開始的創新活動，都是一些積極的行動，已經獲得了真正的成就。關於國際教學，人們也這樣設想，設置中等學校水準的學習組，為的是一起研究國際生活的某一個方面。如果允許這些小組擁有完全的自由，尤其是完全的批評自由，就像青少年小組已經有的一樣，那麼，這些學習小組將可以發揮非凡的作用。比如人們可以設想一群中學生（沒有受到教師的約束，可以自由的交流想法），透過對報紙上的或收音機裡的新聞進行比較，對同一件事，努力形成多樣性的、客觀的觀點。這並非不可能。有一天，當學生掌握了帶著這樣一種辨別和批評的精神去閱讀報紙（或者聽收音機）、去思考的時候，人們還在猶豫著讓自己完全像學生一樣被引導 —— 就像「舊制度」的學生一樣，我們說，他們還沒有從我們的第 26 條所宣布的那種教學改革裡得到過好處。

第五章
教育往何處去

一、回顧部分

　　從數量的角度來看，學生的數量現在是在持續、大量的成長，帶來一種盡人皆知的後果。一方面，男女兒童的受教育權利還有國家的財政資助（如獎學金）隨著學習年限的延長，而更為平等，今天為年輕一代提供的教育機會，已經可以說比較公平，這一點從大學生的人數持續的成長，有時這種成長甚至有些令人不安就可以明顯的看出。另一方面，學生數量的這種普遍成長，並沒有伴隨著在中等、尤其是初等教育裡教師社會地位的提高，結果就導致學校師資力量的不足，這樣只好採取替代的辦法，這樣又產生了教育水準的問題。這個問題直到現在也沒有得到解決。相反，人們在教學多樣化方面持續努力，尤其在職業和技術教育領域內採取了一系列措施，對學生的專業方向進行改進，讓學生在學習的過程中，特別是在中學教學的初期，可以從一門學科轉到另一門學科。這可以稱得上一種進步。在這方面，「定向階段」的作用至關重要，但是，即使教育心理學家做了大量有價值的工作，定向和選擇工具的價值這兩個問題依然懸而未決，尤其是考試的作用和價值所導致的教育禍害，還是很難徹底解決。

　　但是從品質的觀點來看，這裡唯一讓我們產生興趣的是，在領導當前運動的若干國家裡，出現了程度不同的新傾向。比如我們首先看到，一些國家，尤其是美國在致力於學前教育的改革，這在之前一直是被忽視的。改革的主要思想是，幼兒園

應當向那些貧窮的孩子們提供道德上和智力上豐富多彩的氛圍和環境，特別是用豐富的、多樣的物質材料，來彌補他們家庭生活的不足，透過這個方式喚起他們的積極性和好奇心。至於指導這種改革的方法，則是在反映當代心理學的兩種極端相反的潮流之間搖擺。一種是對「條件反射作用」的應用，透過練習和活動來建立和強化一定數量的動作和語言的連結，這些連結被視為今後獲得知識的基礎。另一極端要求與此相反，其重點在於激發兒童本身的自發活動來構成一種認知組織，為在 6 到 8 歲正常出現的智力運算做好準備。在日內瓦學派心理學研究的激勵下，有時的解釋是非常不錯的，然而有時候，解釋又稍顯幼稚，令人感到不安。這些方法的應用可能會以許多種方式發展。

和上面講過的相一致，在某些國家（還是美國最突出）的初級階段中出現了下面這些變化。在精神分析學派的廣泛影響下，幾年前主要的傾向，是注意防止兒童在發展過程中受到任何挫傷，這樣的傾向導致缺乏要實現的方向，對教育來說益處不大的一般遊戲的過分放任自流。關於注意和加強認知活動的方面，則出現了一種反對派。因為所持的心理學的信念不一樣，這兩個極端之間的對立就更加明顯了。

重視條件反射作用，尤其是受到了史金納（Skinner）的影響，透過機械、按順序安排的漸進的聯結（「教學機器」）的程序教學思想由此產生，對這種辦法的熱衷是眾所周知的，但是這種方法受到了所需設備昂貴的缺點的局限。它還有一個關鍵根本缺點，那就是它建立的心理學基礎很不正確。就像著名

的語言學家杭士基（Chomsky）結論性的指出的，這種心理學無法對語言的學習給出合理的解釋。從教育學的觀點來看，程序教學的確對學習有幫助，但是對創造卻沒有幫助，除非照著實驗那樣做，讓兒童自己設計程序。通常來說，視聽法也是這樣，為其唱讚歌的教育工作者很多，但是如果只是促進聯想，而沒有激發真正的活動，那麼它實際只能導致一種詞語的描述。在某些情況下，算術棒和彩色數字，可能讓學生進行運算，但是它們通常同樣有用數字代替運算的缺點，這就是為什麼它們被瑞士的某些州拋棄了。它們在那些州裡曾被強制性的定為算術學習中遇到疑難時可靠的補救辦法。

「邏輯積木」已經在很多情況下取代了算術棒。任何一個擁有長期教育經驗的數學教師都知道這一基本事實（也得到了我們心理學研究的證實）：對初等數學的理解，對質量結構的形成是十分依賴的（比如數在心理學上表現為類包含和序列的綜合），在數學教學裡，邏輯運算的先決建構越順利，接受數學教學的能力也就越強。這一事實，明顯和現在教學最基礎階段的「新數學」（集合理論，接下來是群的理論等）的傾向一致，這是一種很大的進步的表現。我們會在第二部分會對這種成功心理學上的原因進行探討，因為這取決於這種新教學法的內容和兒童智慧中引起的自發運算和結構相互協調。

在科學教學的領域中，一系列在波士頓、伊利諾州和加州進行的實驗應該提一下。相互合作的物理學家和心理學家擁有共同的興趣：進行基礎教學，透過讓小學生（有時甚至是學前兒童）盡可能多的從事自發的、積極的操作探索活動，讓他們

了解某些簡單的物理現象。

　　在回顧這一部分結束時我要指出，近幾年來，和智力發展和認知結構有關的心理學研究獲得的進步很大，但是如果從它們在教育上的應用的角度來看，還可以分為含義相差極大的三種傾向。第一種傾向還是古老的盎格魯—撒克遜傳統，依然追隨經驗主義的聯想論的腳步，一切知識都被歸因於純粹外在的起源，主張知識的來源是成人操縱下的經驗、語言或視聽的表達。第二種傾向的特點是意外的返回到先天還有內部成熟因素（這在很大程度上是因為受到杭士基的影響，他斷言有一種「先天固有的中心」存在，儘管在語法上，他承認語言的基本結構，比如主語和謂語的關係由必要的心理發生的轉化過程決定）。在這樣的情況下，教育主要在於對先天的「理性」進行訓練。第三種傾向，準確的說，是我自己的觀點，是一種建構主義性質的（認為感覺運動智力事先形成的結構是語言的起源），即不承認外部的預成論（經驗論）或者內在的預成論（先天論），而是對一種連續階段的不斷超越給予肯定，這就自然的導致了兒童活動的自發方面成為教育的重點。

二、展望部分

A. 科學教學

　　為數不多的學生將自然科學視為和人文科學完全相反的職業來選擇，這是各國的學術界和大學教育界權威最關心的問題之一，顯然，這也是未來教育一定要解決的中心問題之一。顯然，這不是簡單的依靠經濟力量的推動就可以解決的。社會需要的專家或各種科學領域裡的管理人才要比目前多很多，經濟學家始終都在宣稱這種人才稀缺有多麼的嚴重。中學和大學的學生經常會得到這樣的資訊：和等待經過適當理科訓練的畢業生的就業機會十分可靠相反，文科畢業生的就業缺額非常少。這些卻沒有讓中學和大學學生的學業志向做出改變，比如家長們依然認為拉丁語知識是一種比其他所有學科都靈活的「開門咒」。所以，出於將教育納入社會需求軌道的目的，看來對教育的方法和思想進行一番全面的改革是有必要的，而不是繼續滿足於常識的簡單要求。

　　非常明顯的是，這種改革將不僅包括數學、物理、化學、生物等各種科學的教學專門訓練，而且還會涉及一系列更為一般的問題，比如 4 到 6 歲的學前教育的作用，活動教學法的真正意義（這個問題人人都在談論，但是有效的將其加以應用的卻很少），還有和還在大、中學校流行的分科教學正相反的、學科的各階段所必不可少的、跨學科性質的問題。所以，我們

開始討論學生的科學訓練時，就得將這些問題弄清楚，絕對有這個必要。

從基本的心理學論據來看，有一種與通常看法不一樣的基本事實。實際上，人們一般認為，各個學生是存在明顯的能力差別的，隨著年齡的不斷增長，其重要性也在越來越大；除非在數學和物理方面具有非凡的天賦，一般學生基本不會在這些領域裡獲得基礎的成就。我們曾對兒童邏輯數學運算的形成進行過多年的研究，又和英海爾德合作了幾年時間，對基本物理規律的歸納問題進行研究，隨後我們又在國際發生知識論中心（得到了幾位傑出的物理學家的持續幫助）4～5 歲和 12～15 歲兒童的物理因果關係的發展進行了研究，對這樣高度複雜的問題的各個方面（力和向量的合成，運動和熱的傳導問題，動力運動與功，物質狀態的變化，線性和分配等等）展開了一百二十多種詳細的研究。

除了幾個女孩子 —— 不是因為愚笨，而單純是對這些問題沒有興趣 —— 以外，我們沒有獲得系統的、可以證明這種特殊才能存在的資料。因為每個年齡組都有平均和平均以上智力水準的學生，他們付出了同樣的努力，對課程內容的理解也是同樣的。當然落後與超常的個體是存在的，那些智力水準處於平均以下的人，結果自然會差一些，但是這對所有領域都是一樣的，不只是在科學領域才是這樣的表現。因此我們做出這樣的假設：所謂在數學或物理等方面表現好的學生的才能，在智力差不多的情況下，指的是他們可以適應對他們的教育類型。反過來，在這些方面表現較差的學生，在別的方面卻又表

現較好，可以掌握看上去不理解的問題。他們之所以可以掌握是因為借助了其他的途徑，因為他們所不理解的不是教材的內容，而是所提供的「課型」。所以情況可能是這樣的，而且我們已經找到了很多案例可以證明：學生在某個方面的學習成績糟糕，是因為從問題的品質結構（用簡單的邏輯推理，而不是直接將數量關係和計量法則引入進來）到物理學家正常使用的數量或數學公式過渡得過於匆忙。

我們從對基本品質概念發展的研究中得出的觀點非常樂觀，它應該構成基本科學教學的基礎。這個領域看來是可以提出合理的、深遠的改革方案，它對滿足社會對各種科學人才的實際需求也是有幫助的。但是這又取決於某些條件，這些條件雖然和整個智力教育有關，但是似乎在各種分支的科學訓練中更加重要。

這些條件裡的首先條件是運用活動教學法，為兒童或青少年開闢一片廣闊天地，讓他們自己進行探索的，他們獲得的每個真理，都要是學生自己重新發明的，至少是重新建構的，而不是簡單的灌輸給他們的。但是這方面迄今為止所做工作的價值經常會被一種誤解降低，這就是擔心（有時是希望）教師在這種實驗中沒有什麼作用了，覺得實驗是否成功，取決於是否讓學生自由的、完全按照自己的意願來工作或遊戲。非常明顯的是，作為組織者，教師還是不可或缺的，準備開始時用的設備、創造情境、向兒童提出有用的問題，這些都是需要教師做的。其次，需要教師提供反面的例證，迫使學生對倉促中做出的答案進行反省，這裡所希望的是教師不再是一個講課者，滿

足於將現成的答案傳授給學生，而是要將學生的探索精神和積極的努力激發出來。

就花了幾個世紀的時間建立起來的所謂新數學和現代宏觀物理學來說，如果認為任何指導都沒有，兒童就可以自己清晰地提出主要的問題，那一定是荒唐的。但是和這個正相反的是，教師作為組織者，除了要精通自己教的那門科學的內容，還要知道兒童和青少年心理發展的詳細知識。因此，對活動教學法的有效應用來說，心理發生實驗者的工作是不可或缺的。這樣，現代這個時代裡對教育提出要求：基礎心理學要和系統教育實驗展開更密切的合作。

比如和傳統方法相比，現代數學的教學已經獲得了重大的進步。經驗往往會曲解事實，雖然所教授的內容是「現代的」，然而就知識的簡單傳授來說，用心理學的觀點看它表達的方式往往還是陳舊的，即使在採用公理形式方面進行的嘗試也是如此。為此，一些像讓·勒雷（Jean Leray）這樣的著名數學家曾在《數學》雜誌中進行過嚴厲的警告。這種情況之所以如此驚人，是因為如果數學教師們有將邏輯數學運算心理發生的「自然」形成情況弄清楚的意願，他們就會發現，在兒童自發運用的主要運算和教師試圖抽象的灌輸給他的概念當中，存在著令人驚訝的相似。比如，7～8歲的兒童可以自己發現集合運算交集和笛卡兒乘積，11～12歲的兒童可以辨認部分子集，甚至很小的兒童就能夠觀察到各種形式或功能的形成。然而運算是一碼事，意識到運算並在動作中發明，還有接著進行運用，進而從中獲得反省認知，特別是理論認知，又是另外一碼事。不

管是學生還是教師，都不曾懷疑他們教學內容會得到各種「自然」結構的支持。所以人們可以大膽的預計，心理學家和數學家如果就確定一種真正的現代的、而非傳統的新的數學教學方面進行合作，前途將是遠大的。關鍵在於在將其他的現代的、過於抽象的材料灌輸給兒童之前，要用兒童的語言和他們交談，特別是要對他們進行引導，讓他們盡可能多的重新發現，而不是只是讓他們簡單的聽，然後重複。一位教育家兼數學家在這方面做出的努力值得讚賞，不過因為心理學的知識不夠充分，他對其所設計的某些「遊戲」和練習的解釋有些過於樂觀。

從數學再談到物理學和實驗科學情況就大不一樣了，傳統學校基本上徹底的忽視了在實驗中訓練學生。這一驚人失誤直至現在依然如故。這裡指的並不是教師當著學生的面做的示範實驗，也不是學生自己動手操作的實驗，而是按照一種現成的步驟，並只是透過口述教給學生一般科學實驗的規則。比如，一個因素的變化中和了別的因素（假設剩下情況完全相同），或者可以對偶然波動與有規律的變化做出區分。

和其他領域相比，這些領域裡的未來的方法是，要為學生提供更多的活動和嘗試的機會，讓學生在證明或否定他們自己所說的為一基本現象所立的假設的活動裡，進行自發的探索。換句話說，如果在一個領域裡活動教學法的確讓人信服，那就要對實驗過程進行學習，因為如果一個實驗不是由操作者本人完全自由主動操作的，那就算不上實驗；而不具備教育價值的簡單練習，它的連續步驟的細節並沒有獲得充分的理解。

簡而言之，活動法的基本原則一定要從科學史那裡獲得啟

示，並可以用下面的形式進行表達：理解即發明，換言之，透過重新發明進行重建。如果將來要想造就的人是具備生產能力和創造性的，而不是除了重複什麼都不會的，那麼不遵守這樣的要求是不行的。

　　但是，透過培養實驗精神，來對未來合格的科學家和技術人才進行訓練也是一個問題。當然這不只是對物理現象的理解，教育家們已經發現了這一點，並越來越認為一切教育都要以心理學為基礎。為了利用演繹推理和經驗資料的組合而對某些基本現象進行理解，有些階段是兒童所必須經歷的。這些階段具有這樣的特點：它具有一些後來被判斷為錯誤的觀點，但是為了最後可以獲得正確的解答，它們彷彿又是必要的。就像透過一連串靜止的撞球來對運動傳遞進行解釋一樣，打動的是第一個球，但是滾動的只有最後一個球。兒童只有到 11 ～ 13 歲時，才能得出內部傳遞是透過連續震動和波動而實現的假設，從而意識到在各個處在中間的球產生了一種克分子的轉換；即使換一個方法來讓中間的球不動（比如伸手指按住），被試還會認為它們已經移動了等等。類似的例子還可以舉出很多。所做的每一件事是不是都應該讓兒童認知錯誤？或者說，活動教學法的精神是否應該讓我們既在它的錯誤方面，又在它的教育意義方面，對這些類似方法的繼承性予以尊重？未來教育方法的實驗必將對此做出決定，但是對我們來說，我們覺得留意這些階段是十分有利的（當然，條件是只有對它們有了充分的認識，才能對它們的用處進行評價）。有一點應該注意的是，一位著名的物理學教授在他的基礎微觀物理學著作《概

要》裡，在大學水準上採用了類似的觀點，和習慣不同，他從傳統概念出發，逐漸將它們引向現代思想的軌道，以便讓那些還沒有被理解的概念慢慢的容易為人們所「同化」。

總而言之，現在討論的問題最終可以歸結為，發展階段的進程是否能夠加速。當然，一切教育採用這樣那樣的方法都是一種加速，然而問題在於要確定下來，加速到什麼程度才是最有利的。人類的幼兒期遠長於其他的動物，這並不是沒有意義的。因此，很可能是存在一種最佳的發展速度的，太快或者太慢都是有害的，但是我們現在還沒有發現它的規律。這一點同樣有待於將來的研究進行發掘，為教育指明一條道路。

在作為例子而繼續對未來科學教育傾向進行考察時，讓我們首先分析將來地位無疑會越來越重要的學前教育。從心理學的角度來看，4～6歲這一時期（甚至也可以提前到2到4歲，我們對這一方面還是缺乏系統的認識），可以叫作前運算時期，即主體還不具備處理可逆運算（加和減、相互性等）的能力，當一組不連續的元素（集合的守恆）或連續物體的形狀改變了時，他們是無法發現數量、物質、質量等的簡單守恆的。另一方面，這一年齡階段的兒童已經有了所謂「半邏輯」：單程函數的變化，質的同一性等等。暫且不說他們的局限，只看這些開始建立連結的積極方面，彷彿存在在這個水準上就為科學教育提供一種預備教育的可能，別的教育在小學將會獲得更大的發展。這種預備教育的目的只是訓練觀察力。我們不應該低估這一活動的重要意義，就像研究結果顯示的，學前兒童的理解明顯不只是粗糙的、不完全的，有很多情況還被主體的先

入之見給歪曲了。將一個球繫在一根繩子上，讓兒童甩著繩子進行旋轉，最後把球甩進一個盒子。在這一實驗中我們發現，4 到 5 歲的兒童透過幾次嘗試，就可以獲得成功，但是他的描述是走了樣的，雖然他的動作本身是正確的：兒童讓球從側邊射出，球的軌道和旋轉手臂所畫的圓是正切的，但是他始終覺得他射球時，球或者是在盒子的前面離盒子最近的圓周的一個點上，或者乾脆是從他自己的前面射出去的，好像球的路線是連接他自己和盒子的一條直線，經過他的手臂所畫的圓圈的直徑射出去的。這是因為，從他的角度看，首先這個甩球的動作可以分解為兩個動作，即先旋轉，然後投出去；其次，人們把球扔進盒子裡，通常是順著一條和盒子垂直的直線。更加難以置信的是，雖然 4 到 5 歲的兒童可以成功的完成這個動作，但是 9 ～ 11 歲之前的兒童通常都無法正確的進行描述。毫無疑問，物體和動作的本身（所以意識到了後者）是被感知到了，然而因為它們和兒童先入的想法矛盾，所以被壓抑了。這不過是很多的案例之一。由此可以得出，觀察訓練可能是極為有用的。不妨選擇最簡單的日常因果關係作為觀察描述的對象，可以要求多種形式的描述，比如最容易的模仿動作，語言的描述，在成人的幫助下畫畫，等等。美國加州大學的物理學教學專家卡普拉斯（Karplus）認為，這些觀察訓練甚至在學前年齡都是一樣很有用的。他甚至設計了一種情景，有兩個觀察，好讓幼兒在很小的時候就受到觀察相對性的訓練。

最後，我要再一次強調尤其特別涉及中學教育和大學教育的一個重要問題，作為對未來科學教學思考的結束，也就是各

個領域研究的跨學科性質越來越明顯。現在的實際是未來的科學研究者在這方面做的準備非常差，目的是學習專業化，但是結果卻變成了各學科分塊的獨立教學。有一點需要知道，徹底的專業化必然要求許多學科之間的多方面的連結。這個問題和科學的一般知識論和方法論有關。十分明顯的是，未來的科學教學對科學的知識論會越來越依賴，這方面人們已經看到不少的跡象。

可以從實證主義的偏見中為各科學的獨立分開找到解釋，這種觀點主張只是可觀察的論據及其描述和分析，就足可以將發揮作用的規律找出來。這樣，不一樣的學科從清楚的、甚至是固定的邊界彼此分隔開來是不可避免的。邊界依賴於各種不一樣類型的觀察材料，而材料本身又涉及到我們主觀與客觀的記錄工具（感知和儀器）。相反，人們在違反實證主義規則時（事實上它們一直都在被違反著，甚至有的作者在他們著作的序言裡都同意了，雖然人數較少），也會努力去對這些現象及其支配的規律進行解釋，而沒有局限於對其描述。這就一定會要超過可觀察的界限，因為所有的因果關係都是從屬於必然的推論，即依賴於演繹和運算結構，而無法還原為簡單的事實。實際上因果關係包含產生與守恆的一種結合。至於說邏輯數學運算，除了在物理學裡屬於物體本身以外，都可以由此轉化為「運算元」。如果是這種情況，那麼基本現實就不再是現象，或者是可以觀察的事實了，而是經過推論改造，可以對觀察到的材料下面的結構進行說明的了。這一事實本身讓各學科之間的界限處在一個趨近消失的趨勢，因為這些結構是共有的（比

如在物理學和化學當中，那就是孔德所主張的，它們彼此之間無法互相還原），或者是相互依存的（這無疑是適合生物學和物理、化學之間的情況）。

這裡的意思是，非常明顯，如果科學教學想適應科學的進步，培養的不是模仿而是創造精神，那麼就應該對結構主義重視起來。這種理論因為其跨學科的見解，正在逐漸獲得人們的接受和支持。這裡有含有群和「類」理論的數學結構論，有物理結構論，還有具有平衡和自我調節的問題，甚至控制論模式與數學形式化結構之間連接還不是特別清楚的生物結構論等等。（心理學研究的智力結構也不應該忽略，但是考慮它時，要將其和上述所有結構相連起來。）

從教育學的觀點看，有一種非常複雜的事態存在，它將來是非常有希望的，但是目前來說令人很不滿意。因為雖然每個人都在談論跨學科的需求，但是那些過時但是還沒有消逝的、已成體系的慣性，還在傾向於形成一種簡單的多學科的局面。問題在於這實際上導致了教學科目的增加，因為所有的專業化都要求鄰近領域的支援，卻只讓學生自己去進行綜合。在大學和中學裡，都是需要教師對他們所教的學科具有真正的理解，同化還要持續的用跨學科的觀點進行處理，即知道怎樣賦予它們所使用的結構普遍意義，同時還要將它們納入到包含別的學科的總體系裡面。換言之，教師本身要具備相當的知識論精神，可以讓學生理解到他們的專業領域和整個科學是怎樣的關係。但是符合這個條件的人現在還是十分少的。

B. 普遍的問題

　　對我們的社會的發展來說，這些關於未來精確的自然科學教學的考慮是尤為重要的，但是這只不過是有代表性而已，因為同樣的問題，可以以其他的形式在別的知識分支裡找到。

　　還有別的問題。實際跨學科的傾向給我們的第一個教訓是，需要重新對未來人文科學與自然科學的關係進行仔細的考慮，並為因此將大學教學分為「學院」，將中學教學分為「科」，讓兩者被徹底隔絕開來而產生的災難性後果尋找補救的措施。從理論的觀點來看，被認為是和人有關係的科學的心理學，是和生物學、動物心理學或動物生態學存在不可分割的關係的，而數學屬於自然科學，又是人類頭腦最直接的一種產物。誕生於人文科學的資訊理論，對熱力學一樣有用，就像後者對資訊理論和語言學一樣有用。從經濟學中產生的對策理論也是一樣的道理。

　　從教育學的觀點來看有一點是毋庸置疑的，那就是教育應該努力減少屏障，或者打開更多的側門，讓學生（大學生、中學生都一樣）可以自由的從一個學科進入另一個學科，讓他們擁有進行多種組合的選擇權。但是還要要求教師，盡量減少自己的想法上的各種限制，和他們的學生相比，教師做到這一點往往是更難的。

　　此外還要記住，在被歸進人文科學的各個學科裡面，有一個學科在大學和中學階段一直在發揮充分的綜合作用，但是讓人感到遺憾的是，還是有很多資訊不怎麼靈通的人現在還認為

它具備作為集中跨學科的關係的工具或中心的資格，這個學科就是哲學。不過對它不信任的科學家越來越多的了，為什麼以後再說。但是有一些生物學家一旦知道到他們的學科領域最近再次充斥著某種陳腐的機械論，就又求救於哲學。哲學的脆弱地位來源於這樣的事實：邏輯學、心理學和社會學從哲學裡分出去了，它現在正協助建立數學、物理和心理發生的知識論。這是非常容易預見到的，明天的知識論，將由它們的組合體構成。那麼問題是應該清楚未來的教學組織，是按照傳統來對哲學的過分特權進行維護，還是人文科學的教學最後將走上一條科學結構主義的道路。

結構主義對促進人文科學的發展是最為合適的，因為其強大的語言學傳統，它在文化人類學和心理邏輯學派中獲得了一定的成功。在相應的教育方面的結果是，要賦予跨學科性質的新觀點持續增長的較高的地位，就像現在決策論、經濟學、心理學、心理語言學、社會學等學科的發展情況一樣。不過這樣說並非意味著中學階段要增加課時，已有的科目裡要增加這類新的分支，而是要在系統的擴大眼界這個角度出發，對現有的課程進行改組。不存在任何理由來阻止語言教師獲得足以讓他們在語法研究中有廣闊眼界的語言修養，也不存在任何理由來阻撓歷史教師弄清楚文明進化的普遍因素，而不是讓自己局限於朝代的更替和戰爭上。

然而文科中還存在這樣一個問題，在培養現在和未來的學生的工作中，怎麼讓科學教育的基本組成因素具有足夠的位置。這兩個因素是：(a) 學生的真正「活動」，對學生提出要求：

重新建構和部分的重新發明他們已經掌握的道理。(b) 在實驗精神和相關方法上的個人的實踐經驗也是特別重要的。當然，不管是拉丁語，或者是歷史都是無法重新發明的，也不可能從事和希臘文明相關的實驗。另外如果我們從學生心理的部分自發表現中出發，可以了解到邏輯數學運算或因果關係的發展階段，但是並不了解相應的語言結構的形成或引起對歷史事實的理解的建立機制。從兒童心理學、教育學的研究的角度來看還有一系列懸而未決的問題，無論其解決辦法是否和上述的那些問題類似。

至於教育實踐，即要讓文科和理科的學生受到實驗程序及這種訓練所包含的自由活動的教育，解決辦法可能有兩種，但是它們並不是對立的關係。第一種，我們認為它彷彿是必不可少的，就是提供和科學課時在一起的混合課（這已經是通常慣用的辦法了）。在這樣的課上學生可以自己做實驗，不用教師進行詳細的講授。第二種（我們認為它可以為第一種做補充），指的是用部分心理學課時（在「哲學」或未來的普通知識論的範圍內）推展和心理學或心理語言學等相關的實驗。

還有兩個普遍的問題要予以考慮。第一個是教師的培養問題，對未來整個教育改革來說，這是一個根本性的問題，只要這個問題還沒有圓滿的解決，所制定的所有課程，包括所建立的、打算實現的優秀理論都是枉然的。這個問題是一個雙重的問題，首先存在有一個提高中小學教師的社會地位的社會問題，因為大眾意見並沒有按真正的價值來對他們的服務進行評價，這種情況導致從事這種職業的人員產生了不滿和匱乏，並

對我們病態文明的進步甚至生存構成了一種重大的危機。第二是智力和道德方面的培訓，這個問題非常棘手，這是因為如果所提倡的教學方法越好，教師的任務就越艱難。好的教學方法要求教師不僅要對他們教授的學科和學生具備高度專門化的知識，還要對他們所從事這項職業具備真正的興趣。唯一能夠將這兩個問題解決的合理辦法是：各級教師都要接受充分的大學教育，因為如果教師認真對待，學生越小，教學過程的困難就會越多，這和培養醫生是一樣的道理。在充分的大學訓練裡，未來要成為中小學教師的學生，尤其要進行足夠多的心理學訓練。

最後，未來大學的結構對於培養教師和培養別的任何專家都是一樣的，非常明顯，要想盡量減少大學學院帶來的災難性作用，就應該用各種類型的靈活的跨學科組合（比如生物學＋心理語言學，或者數學＋物理學＋知識論等等）將其取而代之。但是如果沒有使用那兩個基本原理，那麼這些組合還是不能說已經發揮作用了：(1) 教學和研究緊密結合，學生從低年級開始就接觸研究，尤其是在新問題還有哪些還沒有得到解決的問題方面，否則就有可能無法理解已經建立的學科。(2) 合作研究，不是由一個教授，而是由相鄰專業的、合作親密的代表進行指導（比如心理學和邏輯學等，即使這樣的合作存在實際困難，但是我們日內瓦的實驗結果顯示，這些困難並非不可克服）。

第六章
數學教育評論

人們對數學教育方向的思考，自然要取決於人們是如何解釋心理發展或對所獲得的運算及數學邏輯。這種解釋同樣也取決於人們賦予這些東西的知識論的含義。就其心理起源和知識論的含義來說，這兩個問題是密切相關的。如果柏拉圖哲學是正確的，數學實體是相對於主體而獨立的，或者，如果邏輯實證主義是對的，將數學歸結為一種普遍的句法和語義，如果是這兩種情況，我們就有理由將教師簡單的將真理傳授給學生作為重點，並盡可能早的使用教師的語言，也就是原理的語言，而不用去考慮兒童自發的觀點。

　　相反我們主張是有一種作為整個智力發展功能的自發的和漸進的基本邏輯數學結構的建構活動存在。這些「自然」的（人們說的「自然數」的那個「自然」）結構，和傳統數學的情況相比，與「現代」數學中所使用的意義更加接近些。所以，是有一些教師通常並不清楚的事實存在。一旦心理學知識為教師們較好的掌握了，這些事實就會對他們相當的有幫助，不僅可以幫助他們不將事情弄得過於複雜，還可以為實現學生的創造性提供幫助，而不是只是將他們視為順從的「接受」器。

　　但是要想達到這一階段，就一定要我們關於語言與動作的關係的看法做出修正。事實上，從心理學的觀點來看是非常清楚的，邏輯並不是從語言中產生的，其較深的起源，可以在動作的普遍協調中找到。事實上，在整個語言還沒有產生的時候，動作在純感覺運動的水準上是容易重複，並隨之而概括化，這樣就將可稱作同化的圖式建立起來。這些圖式按照一定的規律將自己組織起來，彷彿這些規律與邏輯規律之間的關係

是不可否認的。兩種圖式能夠協調或者分開（再結合），一種圖式能夠部分的插進另一種圖式當中（包含），或者只是一部分和另一部分有共同的地方（交叉）；一種圖式的組成部分，或者兩種或兩種以上圖式的協調，可以允許有一種不變的相繼次序或某些排列（順序類型）存在；也有一與一的、一個與幾個或者幾個與一個的對應；並且一旦一種圖式為一個動作提供了一個目標，主體走向相反的方向，那就是互相矛盾的。總而言之，這裡存在著動作的整套邏輯，它導致某些同一性的建構超出了知覺的範圍，還導致某些結構的日益精細化。

　　所以尤其是數學的教育，忽視了動作的作用，所以始終停留在語言的水準上，這是一種極大的錯誤。尤其是對那些年紀較小的學生來說，擺弄物體的活動對算術的和幾何的關係的理解是不可或缺的（埃及人的經驗數學就是這樣的）。數學教師反感涉及物體實驗的活動其實非常容易理解，他們可能是看到了一種關於物體的物理特性的關係，從而可能擔心經驗的證明，會對作為他們的學科特點推論的和純理性心智的發展有害。然而實際上這是一種極大的誤解，心理學的分析讓我們不再有這種擔心，並讓數學家們關於心智的推論和形式方面必須受到訓練的基本要求得到了保證。事實上有兩種關於主體動作的、彼此差異很大的「經驗」存在。第一，存在著所謂的「物理經驗」（廣義的），指作用在物體上、以此發現物體本身的特性，如比較質量或密度等等。但是也還有可以稱為「邏輯數學經驗」的東西，人們一般不知道。這種經驗並非從特定物體的物理特性，而是從兒童作用在物體上的實際動作（或者準確

的說，從動作的協調）收集其資訊。這兩種類型的經驗並不一樣的。我有一位朋友是頗有名氣的數學家，他說在他四、五歲時，他對數學的興趣，被一種屬於第二種類型的經驗激發了出來，他在花園裡坐著，將一些卵石擺成一條直線，數著玩，從左到右，從一數到十。然後又從右數到左發現結果還是十，他對此非常吃驚，從相反的方向數了兩次，結果都是十，他繼續將卵石擺成各種形狀，最終確信卵石的數量和順序沒有關係。在兒童擺放卵石的時候，顯然無論是總數還是順序，都不是卵石的物理特性。在這種情況下，兒童發現了他們合併卵石的動作產生了一些和排列卵石順序的動作沒有關係的結果。只要用的是固體的東西，他都會發現這個情況的。卵石的物理特性在這種動作中沒有發揮特殊的作用（除了它們可以隨意擺放的事實以外，它們的性質沒有發生任何改變，即它們是守恆的，然而守恆本身產生了邏輯數學經驗）。

於是，動作和邏輯數學經驗的這種最開始的作用，不但沒有對推理思維隨後的發展構成阻礙，反倒還構成了一種必需的準備，有兩個理由：第一，介入後來的演繹推理過程之中的心理的或智力的運算，本身就是起源於動作的，它們是內化了的動作，而且一旦具備了必需的協調，獲得了充分的內化，就不再需要身體動作形式的邏輯數學經驗了，有內化的推理就足夠用了。第二，動作協調和邏輯數學經驗在將自己內化的同時，還產生了一種特殊的抽象作用，恰好和邏輯數學抽象相一致。這種抽象起源於物體的物理特性，並因此被稱為「經驗抽象」的普通的，與亞里斯多德的抽象相反。邏輯數學抽象可以稱為

「反省抽象」，原因是兩個存在相連的理由。一方面，這種抽象「反射」（和反射鏡或放映機的方式相同）的每樣東西，水準都是較低階的（比如動作水準），它將它們反射到較高階的思維的或心理表象的水準上。另一方面，如果從重新組織心理活動的意義出發，這是一種「反省抽象」，它將透過動作協調出來的每樣東西在一個較高的水準之上重新進行了建構。

　　但是，在必須表現動作及邏輯數學經驗的年齡（7 歲或 8 歲之前）和開始可能從事抽象思維的年齡（11 ～ 12 歲並一直發展到 14 ～ 15 歲）之間，還有一個重要的階段，它的特徵讓心理學家們抱以極大的興趣，而教師們明白這些特徵都很有用處。事實上，在 7 歲和 11 ～ 12 歲之間，可以觀察到推理運算的一種重要的自發發展，其具有守恆、可逆等特徵。這讓類和關係的基本邏輯走向精細化，透過包含和順序概念的綜合而進行整數系列的運算建構，透過連續統一的再分和作為一個單位挑選出的部分按順序置換的綜合而進行度量概念的建構。雖然這在兒童的邏輯思維中進步相當大，但還是非常有限的。在這個水準上，兒童還無法在語言表達的純粹假設以上進行推理。要想得到一個在邏輯上合理的推論，他們就需要利用可以擺弄的物體（在真實的世界當中，或者在他們的想像裡也行）進行推理。有了這些理由，我們將這一水準稱為「具體運算」，以和形式運算相區別。事實上，具體運算是一種中間形態，介於前運算階段的動作和出現較晚的抽象思維兩者之間。

　　這樣，連續性就在兒童自發的動作和他們的反省思維之間建立了起來。透過這一點能夠看出，和傳統數學中所使用的概

念相比，顯示現代數學特徵的基本概念和「自然」思維的結構更為接近。首先要指出自發作用在運算上的重要性，這是因為這一作用可以讓集合與模式建構之間的連結建立起來特，尤其可以讓集合和循環順序組合起來。例如，我和英海爾德曾經做過這樣一個實驗：要求 4～5 歲和 7～8 歲的兒童用一隻手將一個念珠放進一個透明的圓筒當中，同時用另一隻手將另一個念珠放進另一個透明的圓筒裡，這個圓筒藏在螢幕的後面。這個實驗想要了解的問題，是兒童是不是清楚這樣構成的兩種系列是相等的，並且還要找出，如果持續進行這種動作，那麼兒童是否會覺得它們依然會保持相等。我們詢問過的兒童無一例外，全都承認如果繼續這個動作，兩個系列是相等的，只有那些年紀最小的兒童，才拒絕預測動作無限進行下去會是什麼情況。差不多從 5 歲或 6 歲以後，兒童們開始承認這種概括，而且一個 5 歲半的男孩子發現了下面這個十分有意思的公式：「人們只要一次知道了，就是永遠都知道了。」但是還是這個兒童，讓他看了十個一排的紅籌碼，然後還有另外一排十個藍籌碼 —— 和紅色的一一對應 —— 以後，如果將其中一排裡各個籌碼的距離稍微拉開一些，達到兩排之間的籌碼不再是一一對應的程度時，他就不再承認兩排還是保持相等了，這個例子可以說明結合複現觀點建立對應關係的建構作用。

　　關於理論和兒童的自發發展之間的趨同現象，有一個極為突出的例子，那就是幾何直覺。這些直覺在歷史上是出現在歐幾里得幾何之中。投影幾何的結構是很久之後人們才發現的，拓撲學是 19 世紀才發現的。從心理學的觀點來看，3 歲和

4 歲的兒童還不會畫正方形，還有一種將正方形和圓形相對照的傾向（比如長方形和三角形等類似圖形都同化為簡單的閉合曲線），但是他們會對閉合圖像和開放圖像進行非常仔細的區分，並可以在一個圖形之內或之外或在邊沿上非常仔細的畫一個圓形。

　　現在我們要描述一下，兒童的「自然發展的」自發思維和某些基本理論的概念之間的這些趨同現象對教師有哪些用處了。自然我們會遇到一些人試圖用那些十分陳舊的教學方法，來教年齡小的兒童學習「現代」數學，過早的用上了形式化的辦法，完全在靠教師透過語言傳授給學生，使用這樣的方法，一定會遭遇一些失敗，這些失敗對解釋某些大數學家們，例如勒雷所持的懷疑態度是有幫助的。但是，錯誤的根源並不是數學教學大綱的「現代化」性質，而是在這種情況下所應用的方法論和心理學。實際情況是，由於職業的關係，數學教師都具備一種十分抽象的思維方式。如果讓他們置身於他們的年輕學生的思維所必需的具體觀點當中，通常都會覺得特別的困難。但是，從發展的觀點來說，從上面說到的結構的漸進同化來說，在結構開始的具體狀態和它們變得形式化與抽象化的最後階段當中，彷彿並沒有矛盾。如果教師對這些相繼的自發思維結構的詳細情況和作用有一個徹底的認知（這是教師的困難所在），他必然會看到這一點：這兩種思維當中並沒有矛盾。簡而言之，將教師語言中所理解的這些一般類型的概念轉移到兒童自發建構而加以應用的同樣概念的特殊情況上去，才是真正難以解決的實際問題。少了這種概念，兒童們就不會考慮到客

體，無法對所獲得的資訊進行概括。

　　為了在教師的邏輯數學結構，和學生在其發展的不同水準上的邏輯數學結構當中形成這種必不可少的接合，我們應該提到一些非常普遍的心理學和教育學原則。第一個原則，真正理解一個概念或理論，意味著主體對這個理論進行重新的創造。一旦兒童能夠重複某些概念，並且能在學習情境中在一定程度上應用這些概念，人們就會認定他們已經理解這些概念了。但是這並不滿足重新創造的條件，新的自發的應用，才是真正的理解的表現。換言之，一種主動的概括意味的東西更多：主體好像可以自己發現關於所理解的情境的真正原因，所以他們自己至少可以部分的對這一情境進行重新的創造。這自然不是在說教師就沒有什麼作用了，而是在說，他們的角色不是用來傳授「功課」的，而是將情境組織起來，好將兒童的好奇心激發出來，並憑藉恰當的安排，對兒童行為的予以激勵。如果兒童在努力理解某一觀點，不過遇到了一定的困難，主動教學法的做法不是直接去糾正兒童，而是提出反例，對兒童進行引導，讓他們進行新的探索，讓他們自己來糾正自己。

　　教師的內心應該時時有的第二種考慮是：在一切水準上，包括青少年期和處於系統化形式的多種初級水準，學生在「做」和「在動作中理解」所能做到的，要遠遠超過他用自己的語言所表達的。換言之，兒童開始透過活動解決問題的時候，他們所應用的結構，大部分還是無意識的。實際上，兒童在參與某些事物時，早在「覺察到」以前，就可以在行動當中有所作為了——「覺察到」則是出現在動作很長時間以後的事，

這是一個非常普遍的心理學規律。換句話說，和有意識的應用能力相比，主體具有的智慧能力要大得多的。因此，教師一旦有機會了解了上面說的那些心理學的研究，清楚了兒童所具有的、直接在他們的思維下面的思維結構，就可以利用讓自己和兒童展開適當的討論，或者組織一個小組，讓年齡相同或者相近的夥伴們（年齡最大的兒童做小組長）自己展開討論，這樣兒童就可以很容易的覺察到這些結構，反過來這種討論對語言化和「覺察」也是有利的。

　　第三個意見看來十分重要。傳統的數學總會要求兒童解決問題的數量，其中有一些是非常不合理的，這裡的不合理指的是龐大的數字和度量的計算。在這樣的情況下，那些在數學上才能並不突出的兒童要想獲得成功，唯一的辦法就是按兩個階段來進行（但這總會被忘記）。第一個階段，是完全定性的處理問題的邏輯結構，後來的第二個步驟裡才會引進數字或度量的事實，這種計算的形式會導致額外的困難。對現代數學教學大綱而言，因為它們基本上是定性的，問題就沒有那麼尖銳了。不過在這樣的情況下，問題在另外的水準上出現了——教師總是試圖過早的用非常形式化的結構提出概念和運算。在這樣的情況下，就必須要將定性的具體水準作為出發點，換句話說，使用的描述或者原型，應該和所涉及的兒童的自然邏輯水準相符。邏輯學家對所有的直覺或「樸素」思維的藐視眾所周知的，但是只要記住了數學直覺本質上是運算的，以及運算結構的性質是從「內容」中將形式分離出來，那麼最後的形式化彷彿就得到了準備，並變為這些最初的直覺結構的建構自身

的需求了。有人所認為的形式化所經歷的方向和「自然」思維是相反的觀點我們並不認同，我們相信兩者當中可能並沒有衝突，應該讓形式化按照照其自己的節奏來建構自己，而不是用提前的強制辦法迫使它進行建構。

第七章
皮亞傑談創造力及教育改革

記者布林格爾（Bollinger）曾對皮亞傑做過十幾次採訪，據此著有《和皮亞傑的談話》一書，以下為第十二和第十三次談話，雙方就創造性、教育應該培養什麼樣的人、兒童智力的發展、大學應當如何辦、教學方法的改革等問題展開討論。

一、關於創造力：三種方法

（他重新將菸斗點燃，我看著他。）

布林格爾：你的科學創造力和別的類型（比如一個作家或畫家的）的創造力之間，是否有什麼不一樣的地方？它們之間是否可以比較？

皮亞傑：這個問題一時我無法回答，因為別的種類的創造力我並不熟悉。

布林格爾：你曾對創造力感到過疑惑嗎？

皮亞傑：沒有，從來都沒有過。幾年以前，巴爾的摩的約翰霍普金斯大學的一些學生曾組織了一系列主題為創造力的講座，邀請我去做一個演講，我自然說起了兒童的創造力。但是他們想要弄清楚我自己的觀點是如何產生的。他們的要求讓我感到茫然，無法回答，因為我從來都沒有對這個問題進行過真正的思考。我思考了一番後，和他們說我有三種方法。

布林格爾：是三種方法嗎？

皮亞傑（他笑了一下）：是的，三種！第一種方法，當你

對某一專題進行研究時，你不要讀和這個領域相關的書，研究完以後再讀。第二種方法，盡量多的閱讀和研究相關領域的書。如果研究智力，自然會涉及到生物學，也會涉及到邏輯學和數學等，還包括社會學，事實上涉及關於個人研究的主題的東西。第三種方法，找一個代罪羔羊。我找到的代罪羔羊是邏輯實證主義，我非常高興的看到美國的學生對我的觀點表示贊同，因為我的觀點證明了邏輯實證主義學派正在走下坡路。邏輯實證主義是激進的經驗主義，它認為一切知識都起源於知覺，還起源自邏輯和數學方面的語言。

　　布林格爾：找一個代罪羔羊是作為一種動力，是用來促進的嗎？

　　皮亞傑：是的，當然是這樣的。

　　布林格爾：我還希望你將你所說的頭兩個論點詳細的闡述一下。不讀自己領域的書，但是要讀相關領域的書。

　　皮亞傑：不要讀自己領域的東西其實很好理解，如果你對一個題目進行研究，靠的是閱讀論述這個題目的全部書面資料，那想再發現新東西就很難了。但是如果你直接往前走，先讀其他的東西，以後再進行比較，你極有可能發現自己，要麼是在重複別人已經做過的東西，要麼是存在一定的差別。

　　布林格爾：我還在想，你在閱讀別人的關於自己研究的智力領域的著作時，你不只是在閱讀，還是在吸取。

　　皮亞傑：對，這是「同化」的一種比較有禮貌的說法。

　　布林格爾：不過你自己並沒有接受，而是對別人進行了

反駁。

　　皮亞傑：對。

　　布林格爾：在別人的路線和範圍裡面，你清晰地理解到了自己的路線和範圍，這就是你有興趣的東西。

　　皮亞傑：對的，如果你這樣想，那就是這樣的。

　　布林格爾：對你而言，其他科學家的思想方法本身就算不上重要了？

　　皮亞傑：也不是的，方法也很重要的。

　　布林格爾：那就是他的觀念算不上重要了。

　　皮亞傑：正相反，見解不一樣倒是有好處的。當然，如果你想知道誰的見解是正確的，主要取決於你是不是可以能提出一種較好的解答。

　　布林格爾：那麼，為什麼你又建議要讀相關的方面的書呢？

　　皮亞傑：是相關的領域！因為我覺得一切的知識探索，本質都必然是多學科的。我們是無法將智力前進的實際步驟，從邏輯和數學家們關於它們的公理化及形式化中分離出來，無法將個人從社會環境中孤立出來。

　　布林格爾：但是大學裡卻在進行著分科教學，比如社會學、生物學，諸如此類漂亮的標籤。

　　皮亞傑：關鍵就在於這是有益的，還是災害。

　　布林格爾：那麼那是災害嗎？

皮亞傑：當然是的。

布林格爾：我們又回到你之前曾說過的事上。你的意思是說，在將某種東西教給兒童時，也就遏止了兒童去創造這種東西，這個和你現在說的意思其實是一樣的，因為「創造」，正是在多學科裡面自由的活動。

皮亞傑：對，當然是這樣的。

布林格爾：因此，如果我們向前推進教育，並在術語的廣義上將其合法化，試問什麼制度會允許或可能允許這樣的教育存在？什麼樣的政府、國家和社會會努力推行？

皮亞傑：你提的問題我沒有回答的資格。

布林格爾：既是，又不是。你過於謙虛了。比如我想起某一年的事，大概是 1952 年，在一次會議上，當時還有其他的幾個人。

皮亞傑：是的。

布林格爾：你提出了對數學教學進行重新的組織的原則。

皮亞傑：不，我沒有。

布林格爾：那次會議不就是在對這個問題進行討論嗎？

皮亞傑：不，不是的。那次會議討論的是比較心理結構和數學結構。

布林格爾：難道沒有由此產生一種教學法嗎？

皮亞傑：沒有。

布林格爾：啊，我原來還以為產生了，因為後來出現了，

對不對？也許不是直接的，但是，真的是太幸運了，整個數學教學都受到了影響，變化就是在那幾年出現的，對嗎？

皮亞傑：對，如果你覺得是那樣的話。

布林格爾：差不多就是從那次會議開始吧？

皮亞傑：從某個角度來說，是的。我曾表示和傳統所教的東西比起來，兒童自發建構的結構是更接近於近代（或者說所謂的近代）數學。當然，心理學能夠為近代數學教師們提供支持。不過一定要小心，近代數學一定要用相應的近代方法來教，而不能使用老方法，目前的大錯誤是……

布林格爾：如果不是這樣，那就是個七拼八湊的玩意。

皮亞傑：當然是這樣的，一部分人所犯的大錯誤是，想在還完全沒有做好同化的準備的兒童中，過快的進行了形式化。近代數學通常應該是從兒童的思維，從兒童已經具備的拓撲學、群論即結構的運算的基礎入手。如果超出了這個範圍，而是試圖匆忙的用近代數學的教學法去教近代數學，即用的是那些形式化和公理化的教法，那麼一定會一事無成。

布林格爾：再說一遍，這些教師就是在強加於人。

皮亞傑：就是這樣，他們就是將教學內容硬塞給人。

布林格爾：你曾經說過，人們已經找到了兒童心理的根源。這些根源是從什麼地方開始的？最低限度的已知條件是什麼？

皮亞傑：其實，在還不會說話時就已經開始了。在我看來，人類生命最具有創造力的時期，是從出生到18個月之間，

這多麼令人驚奇……

　　布林格爾：從第一個反射……

　　皮亞傑：是的，一直到比如空間、因果關係、時間、永久性客體等觀念的建構。

　　布林格爾：你對那段時期的了解，比往後的還要多嗎？

　　皮亞傑：關於速度和創新，我直到目前都覺得那段時間是最有創造力的。不要忘記，認知方面的創造甚至在還不會說話的時候，就已經在動作中開始了。隨後，在思維和表象的水準上，這一切都將被再建構，在概念的基礎上和水準上進行重新的建構。

　　布林格爾：這些階段可以進行加速嗎？

　　皮亞傑：不可以。

　　布林格爾：為什麼？

　　皮亞傑：這是因為每個人都有自己不一樣的節奏。很難弄清楚這種節奏，這種東西是很難弄清楚的，最適合的節奏到目前為止，還沒有成為人們仔細研究的項目。

　　布林格爾：是速度嗎？

　　皮亞傑：是的，是速度。我們曾經說過，在發現永久性客體的能力這一方面上，小貓的速度要遠高於嬰兒。小貓在 4 個月時表現出的能力，嬰兒要到 9 或 10 個月才能達到。但是隨後小貓的發展就停了下來。所以，嬰兒需要較長的時間並不是一點意義都沒有的，他可以進行更多的同化，還能不斷的深化。發展太快，隨後同化的效果就降低了。可能是存在一種共

同的節奏，一種最為合適的速度，然而我還沒有發現。任何一個人都有他自己的節奏。如果你在寫一本書，寫得速度太快了就寫不好；但是寫得太慢一樣也不會寫好的。寫作也是有一種最為合適的節奏的，這一點和思想的創造是同樣的道理。

布林格爾：在很多地方，比如在美國，人們還在想著加速。

皮亞傑：經常這樣。

布林格爾：這是為什麼呢？

（他聳了聳肩，沒有給出回答。）

布林格爾：我發現，我一提起理論的後果或者應用，你總會保持沉默。就在幾分鐘以前，我說起那次會議時，我就已經感覺到了你的沉默，現在又是這樣。教學法問題……

皮亞傑：請注意，我對教學法沒有意見，我對教育的問題興趣很大，因為我認為有大量問題需要進行改變和改革。但是在我看來，心理學家最重要的任務，是將可以應用的事實提供給教師們，而不是取代教師，或者對他們進行指點。教師的職責是知道怎樣使用我們提供的材料。教學法並非簡單應用的教學法，而是專家根據他本人的特點，並配合在一起的一整套教學的技巧。

布林格爾：另外你是否覺得你的理論已經對教學法產生了影響？我們說到了數學教學法在這方面的關聯。

皮亞傑：對，有一些理論是已經產生了影響。

布林格爾：並不是所有的理論？

皮亞傑：不是的。至於兒童近代數學的教學情況，它和我

們在心理學中看到的情況存在驚人的一致。此外有一點是顯而易見的，絕沒有教給兒童實驗精神的可能。他們上課，也看實驗示範，但是他們自己親自做實驗和看別人做實驗完全是兩回事。我深信，能夠設計一種參與教育的奇異方法，把儀器提供給兒童，讓他們自己進行實驗，這樣他們就可以發現很多的東西。當然，還要對他們進行指導。事實上，教師一定要是一位懂得如何在實踐中推展實驗教學的專業人才。

布林格爾：我並不做教學法，我清楚你提出了一種一般聽不到的教育概念。

皮亞傑：不，不是這樣的。對於大多數人而言，教育意味著努力的對兒童進行引導，讓他們成為和他所處的社會中的典型成人一樣的人。

布林格爾：其實就是社會所需要的人。

皮亞傑：沒錯，但是對我而言，教育意味著培養創造者。儘管一個人的創造和別人的創造比起來，總是有限的。但是你一定要培養創造者還有革新家，而不是培養除了踩著別人的腳印走路以外什麼都不會的人。

布林格爾：在你看來，是否任何一個人都可以成為創造者？

皮亞傑：當然是的，有各種的層次，總會有一種領域，他可以在這裡成為創造者。

布林格爾：你現在說的是創造力。你剛才曾說過你自己的一些訣竅，三種訣竅。

皮亞傑：是方法，不是訣竅。

布林格爾：是方法，然而才能並不是方法的問題，而是另外的東西。才能又是什麼？

（長時間的沉默。）

皮亞傑：這就是祕密，這個問題最為玄妙。

布林格爾：一個科學家能這樣的回答，好有趣。

皮亞傑：不是，在智力心理學的領域，這個問題是一個人們了解得最少的。截至目前，每個試圖探索天才的因素和條件的科學家都一無所獲。的確不清楚情況。這個回答並不可笑，這是對差距的承認。

布林格爾：那是否總有一天，會將這個問題弄明白呢？

皮亞傑：我希望是這樣的，為什麼不能呢？

布林格爾：這個問題是不是只有你一個人關心？

皮亞傑：噢，自然是的。我過去曾有一位合作者，他是我的美國同行，現在他將全部的時間都投入到了對科學家和天才人物思想的發生的研究上，達爾文是他的研究對象。問題有難以置信的複雜。經過三、四年的曲折探索，達爾文才發現自己四年前所說的話中有邏輯的包含著的東西。這的確是一個非常難的問題。

二、學生、大學、基礎研究和應用研究

布林格爾：你和學生的關係怎麼樣？

皮亞傑：他們平常都是非常好的。然而自從學生鬧事以後，發生了什麼你都知道了。

布林格爾：從 1968 年 5 月開始嗎？

皮亞傑：是從 5 月開始。比如在考試上，有些人在 6 月的表現還不錯。後來展開了民意測驗，了解每個學生對每個教授的印象，我的考試得到的評價是恰當的、不標準的，但是是明智的。這些你都知道，學生沒有抗議。

布林格爾：在你看來，理想的大學應該是什麼樣的？

皮亞傑：每一層次都應該進行研究，以研究為基礎而進行討論。

布林格爾：要將功課減到最低的程度嗎？

皮亞傑：對。

布林格爾：但是在你教課的時候，你的做法有沒有違背你自己的想法呢？

皮亞傑：我一般都是講 20 分鐘，然後停下來，讓學生提出異議或者問題。這樣做是行之有效的，但是有時也沒有實現預期的效果，有時課堂上還會出現活躍的對抗，這是一種有趣的事情。

布林格爾：你不僅是理論家，還是實踐者，因為你在進

行實驗。對基礎研究和應用研究之間的關係，你的看法是怎樣的？

皮亞傑：我覺得基礎研究通常都被忽視了。

布林格爾：你是在說分配給基礎研究的經費不夠用嗎？

皮亞傑：不是，還有其他的。基礎研究的重要意義是不可否認的，但是對應用研究的一些重要方面具有意義的基礎研究被專家們忽略了。

布林格爾：基礎研究需要較長的時間，但是那些握著錢袋子的決策者，顯然對短期就可以奏效的應用研究更為熱衷。

皮亞傑：是的。首要的是基礎研究可以帶來預料不到的實際運用效益。反過來，如果你致力或者追尋的只是應用研究，那麼你就給予了問題限制，最終選擇了對實用本身而言生產力極低的應用研究項目。馬克士威（James Clerk Maxwell）用他的對等方程式理論，進行了超出同時代只做實用研究的人們十多倍的技術應用。你不妨進行一下回憶，馬克士威在電動力學方面的所有方程式完成並概括、完善了電動力學系統。所有這一切都是一位純粹的數學家的工作，因為對對稱論的興趣，他帶來了理論上的一種卓越的學說。但是作為技術應用，它將整個電學和整個無線電技術，以及你能說出的和電有關的其他東西都包括其中。所有這些都是源於馬克士威的方程式。

布林格爾：你曾在普林斯頓大學度過了一段時間，你有沒有見過愛因斯坦？

皮亞傑：見過，我們互相通過信，他最不一般的地方就是

他的思想朝氣勃勃。他幾乎是對任何事都有興趣，他什麼事情都想知道，包括兒童心理學。

　　布林格爾：他對你的兒童心理學有興趣嗎？

　　皮亞傑：開始時有。但是愛因斯坦一旦將問題弄清楚了，就會洞察事物的所有情況。他說：「這就是你要找的東西。」

　　布林格爾：這個速度……

　　皮亞傑：絕對讓你難以置信，他可以發現事物的實質。

　　布林格爾：你的研究什麼讓他感興趣？

　　皮亞傑：關於速度和時間的問題，這是他早先推薦給我，讓我研究的。我們要弄清楚速度的原始直覺是否存在。不過我在第二次在普林斯頓大學見到他時，最吸引他的東西卻已經變成了守恆問題。

　　布林格爾：那是什麼？捏黏土嗎？

　　皮亞傑：尤其是流體轉移的問題。你將水倒進一個具有一定形狀的玻璃杯裡，然後再倒進另一種形狀的杯子裡，水量沒有變化。這個實驗讓他滿意的看見：你必須要透過這個簡單的知識，才能見識到事物的複雜性。他還強調道：「這要比物理學更加複雜。」

　　布林格爾：歐本海默（J. Robert Oppenheimer）呢？

　　皮亞傑：我也認識他。他非常忙，我們在一起的時間很少。

　　布林格爾：你是什麼時候見過他？

　　皮亞傑：和見到愛因斯坦是同一時間，1953 ～ 1954 年，

在普林斯頓大學。愛因斯坦是普林斯頓大學的成員。

　　布林格爾：歐本海默是深受原子彈的事影響嗎？

　　皮亞傑：是的，他非常的憂愁。

　　布林格爾：你是否認為他們製造原子彈是正確的？

　　皮亞傑：當然是不對的，歐本海默也是同樣的看法。

　　布林格爾：他們製造原子彈的原因是擔心德國物理學家會研製原子彈。

　　皮亞傑：對的，他們迫不得已，無論如何也要研製成功原子彈。

　　布林格爾：那麼你呢？

　　皮亞傑：因為對我們來說，納粹主義是個大危險。

第七章　皮亞傑談創造力及教育改革

官網

國家圖書館出版品預行編目資料

認知心理學權威尚 · 皮亞傑談發展與學習：社
會化的過程、智力發展的機制、感覺運動智慧，
著名心理學家的教育思想 / 尚·皮亞傑（Jean
Piaget）著，孔謐 譯 . -- 第一版 . -- 臺北市：崧
燁文化事業有限公司 , 2023.02
面；　公分
POD 版
ISBN 978-626-357-016-0(平裝)
1.CST: 皮亞傑 (Piaget, Jean, 1896-1980) 2.CST:
教育哲學 3.CST: 教育理論
520.148　111020722

認知心理學權威尚·皮亞傑談發展與學習：社會化的過程、智力發展的機制、感覺運動智慧，著名心理學家的教育思想

臉書

作　　者：[瑞士] 尚·皮亞傑（Jean Piaget）

翻　　譯：孔謐

發 行 人：黃振庭

出 版 者：崧燁文化事業有限公司

發 行 者：崧燁文化事業有限公司

E - m a i l：sonbookservice@gmail.com

粉 絲 頁：https://www.facebook.com/sonbookss/

網　　址：https://sonbook.net/

地　　址：台北市中正區重慶南路一段六十一號八樓 815 室

Rm. 815, 8F., No.61, Sec. 1, Chongqing S. Rd., Zhongzheng Dist., Taipei City 100,
Taiwan

電　　話：(02)2370-3310　　傳　　真：(02) 2388-1990

印　　刷：京峯彩色印刷有限公司（京峰數位）

律師顧問：廣華律師事務所 張珮琦律師

定　　價：280 元

發行日期：2023 年 02 月第一版

◎本書以 POD 印製